JN058361

「見えない世界」を科学で解明する!

サイエンス・スピリチュアルの教科書

サイエンス・スピリチュアリスト
小西昭生

Clover
クローバー出版

本書の内容は、いかなる政治団体・宗教団体・思想団体とも一切関係がありません。

サイエンス・スピリチュアルの教科書

はじめに

純朴な幼少時代ほど、世界の本質に接近できるものなのかもしれません。

ここでふと読者の皆様にも、幼な心に浮かんだ素朴な疑問を思い出してみてほしいのです。

例えば、

「食事の前に『いただきます』を言うのはどうして?」

「お父さんとお母さんはどうして結婚したの?」

「私はなぜ生まれてきたの?」

「お爺さんが亡くなって、星になったと言うけど、どうして星になるの?」

そして、これらの疑問の多くに納得のいく答えが得られないまま、皆一様に成人してしまいます。

私自身もその一人でした。

なぜ「……でした」と過去形なのか？　それは、現在納得のいく答えを得ることができたからです。これらの素朴な疑問の解答は、本書の中で明解に著しています。

四十五歳の時、石油会社を辞めるきっかけが、この素朴な疑問に答えを出すことでした。いくつかの山がありましたが、こうして今、皆さんとその答えを共有することができるところまで自己追求できたのです。創造主のことがわかりはじめたのです。

本書で述べる神とは「創造主」の神です。現代社会は物質文明が頂点を極めていますが、その繁栄の中で忘れられているのが、他ならぬ「創造主」なのではないでしょうか。スピリチュアルをとらえるとき、「目に見えないもの」の存在を避けては通れません。その根源たる創造主を検討することは、スピリチュアルを紐解くことそのものと言っても過言ではないはずです。

その理解のきっかけとなったのが、聖者方だったのです。

なぜ聖者方と複数形で申し上げるかと言うと、出会ったのは人間の姿をしたお一人の男性だったのですが、その男性には科学的な分野の指導霊が八体もついておられたのです。それで「聖者方」という複数形の表現にしたのです。指導霊は別名「守護霊」とも言います。人間が人生を過ごす間、その人の意識に働きかけて生命を守る、肉眼では見ることのできない霊的存在を指します。

その方は、山梨県の清里で、講話を毎日二回、朝晩にされていました。

講話の内容は幅広い分野にわたりました。文字通り極小の微生物から、無限大の宇宙科学の分野まで、森羅万象に対する深い洞察を伴った内容でした。この内容は、個人的な内容ではなく普遍的ですので、あえて「真理」という言葉を使わせていただきます。まさしく普遍的な内容でしたので、世界各国の方々へも伝えられました。こうして日本語の書籍という形でお伝えできる機会を得たことを、読者の皆様と共に喜びたいと思います。

本書のテーマは、見えない世界と見える世界の全体像を、わかりやすくお伝えすることです。ご理解を深めていただくため、多くの実例を使いますので、図表も多く出てきますが、皆様の直感を働かせて読み進めていただければ幸いに思います。

見えない世界を言語化することは大変難しい作業です。

しかし、その困難を超えてもなお、お伝えしたい**「真理」**があるのです。

心や内面のテーマを扱いますので、次に「用語の解説」をご用意しました。必要に応じて脚注などでも補足して参ります。

書き進めるに従い、見えない世界からの無形の援助をいただいております。それらの見えない世界の方々のご支援がいただけることに、満腔の感謝を申し上げます。同時にその波動が読者の皆様に伝わるよう願っております。

読者の皆様に「幸いあれ！」と祈ります。

【用語の解説】

愛　：人間が通常使う愛情の意味で使いますが、神の法則や慣用句・成句などにも大愛と同じ意味で使うことがあります。

大愛：人間の愛情と神の愛を区別するために、神の愛を「大愛」とします。

自我：人間が通常自分だと認識している自分の心を意味します。

真我：自我のさらに深層に宿る「真実の自分」という意味で使います。同音の表現で文脈から「神我」と書く場合もありますが、意味は同じです。

天　：一般的な意味で「見えない世界」の総称。

地　：見える世界の総称。

生命：すべての被造物に宿るエネルギーの意味です。

大生命：神の根源的なエネルギーや、宇宙エネルギーの意味で使います。

裡《うち》：心の内面を表す言葉ですが、通常より深い内面を表す時に使います。

質量：目に見えるもの、（物質）の重さのこと。

質料：物質の材料になる目には見えないもののこと。

目次

第2章　精神世界の歩き方

第3章　神の心と人間の心

第4章　死は一つの通過点に過ぎない

第5章　宇宙と神との関係

第1章　この世の謎解き＝人の謎解き

一．キッチンで学べるスピリチュアル

◉氷（固体）・水（液体）・水蒸気（気体）の教え

皆さんは、日常生活をしている時、手で触れるものが実際にあるものだと思っていますね。

果たしてそうでしょうか？　キッチンに行って確かめてみましょう。

三つのコップをそれぞれ、次のように並べてみます（図1―1）。

●コップA：空のコップ
●コップB：水を入れたコップ
●コップC：氷を入れたコップ

では、コップの中身のどれが実際に在る（実在する）のでしょうか？

手に取れるCの氷ですか？　氷は解けてBの水になります。水は徐々に蒸発してコップからは見えなくなりますね（A）。ということは、氷は解けて水になり、水は蒸発して見えない水蒸気に戻ったのですね。

では、実際にあるのは見えない水蒸気（A）ということになりませんか。見えないけど実際にはあるものをここでは**「実在」**と呼びます。

（図１―１）

これは、地球上の水の循環でも同じことが現れています。

氷や雪は解けて流れ、川から湖や海に注ぎます。水は蒸発して見えない水蒸気となり空に昇ります。空の上は気温が低いので、空に昇った水蒸気は、冷やされて水や氷の粒になります。それらが集まって雲になります。雲が沢山集まると雨を降らせたり、寒い地方や高い山では雪や氷になり、再び見えるものとして地上に降ってきます。

それと同じ変化を毎日キッチンでも利用しているのです。
そうめんや冷や麦を冷やすのは氷ですし、解凍を急ぐ時は流水を使います。茶碗蒸しや蒸かし芋を作るには水蒸気を使います。これだけ便利に使うことができる水のおもとが、見えない水蒸気であることは、ほとんど意識されていません。

実は、この見えないものが、世の中の根本なのです。

もう一度コップを見てみましょう。

●コップAは、水蒸気＝気体＝見えない
●コップBは、水＝液体＝見える
●コップCは、氷＝固体＝見える

そして、この三つはコップでは別々になっていますが、地球上の大自然の中では一体になっています（図1―2）。

北極・南極には見渡す限り雪や氷がありますし、水は河川・湖沼・海域等、至る所にあります。寒暖のある風がぶつかると雲も湧いて出てきます。

文字通り、固体・液体・気体という状態が、大自然の中では渾然一体となっています。

実は、水の三つの状態がこれからお話しする「見える世界と見えない世界」の例えになります。

これ以降、この例えは何回も出てきますから、覚えておいてほしいと思います。

スピリチュアルの世界（精神世界の話）は、優しい科学の説明でわかるのです。

（図１―２）

二. 人体の謎解き

◉肉体は、生命が着ている衣装のようなもの

見える世界と見えない世界が、水の例え話だとわかったら、次は人間自身を見てみましょう。人間はどのようにできているのでしょうか?

聖書には「人間は、神に似せて創られた」とあります。では、神に姿形があるのでしょうか?

残念ながら、神には姿形がありません。

皆さんは、神と言うと、白いひげをつけて長い杖を持って雲に乗った、老人の姿形を思い浮かべる人が多いと思います。しかし、これは「仙人」です。**姿形があるので「人」なんですね。**神ではないのです。人ですから神意識に到達していませんので、雲から墜落した仙人もいます。墜落した仙人は、久米仙人(奈良県

橿原市久米寺の開祖と言い伝えられる伝説上の人物「今昔物語」「徒然草」などに記述が見られる）の話に出てきます。久米仙人は男性でしたので、女性のふくらはぎを見てしまった瞬間、神通力を失って雲から落ちたという話が残っているくらいです（図1―3）。

「仙女」という女性もいます。この方も仙人＝人間ですので、イケメンが現れたら雲から落ちるかも……。

（図1―3）

でも、ここでお伝えする神は、仙人のことではありません。目には見えないし、手で触れることもできない「真実の神」のことです。

では、神とは何かと言えば**「神は生命エネルギーそのもの」**です。エネルギーですから無限の生命であり、光であり、智慧であり、力であり、愛そのものなのです。

人間の肉体は、男女の性的行為でできます。羊水の中で約十月十日《とつきとおか》経つと出産を迎えます。性的行為でできるのは、あくまでも肉体だけです。出産の時、生命を宿していれば、めでたく赤ちゃん誕生です（図1―4）。

（図1―4）

（図1―5）

不幸にして、生命が宿らなかった場合は死産となり「水子」として葬られます。水子と呼ばれるのは**「肉体が水で作られた証拠」**です。古くから使われている言葉というのは、それなりの理由があるのですね（図1─5）。

その生命こそが神の与えた**「生命エネルギー」**です。その生命というエネルギーと、水という質料とが一つになって、初めて人は生きることができるようになります。

赤ちゃんの身体のおよそ80％は水で、そこに命が宿っているのです。

水は形の要素です。エネルギーは生命です。水でできた形に生命が宿ります。

しかし、生命はエネルギーですから生命そのものを見ることはできません。腕を曲げて力瘤《ちからこぶ》を作ると力瘤は見えても、力そのもの、つまり「エネルギー」を見ることはできません。力が入っていることはわかりますけれども、力そのものを見た人はいないのです。

でも、エネルギーは生命であり、光であり、力であり、智慧であり、愛そのものです。生命エネルギーは、無限者たる神のエネルギーなので「無限のエネルギー」となります。神が人間に息というエネルギーを吹き込まれたという創造の原理が働いています。

赤ちゃんが生命力に溢れ元気に育つ姿が、神々しく感じられるのは、純粋無垢に神から授かった生命・光・愛に溢れているからです（図1―6）。

神が、赤ちゃんの肉体を通して神自身を表現しているということです。

では、皆さんにも、同じ神の生命エネルギー＝愛が宿ってはいませんか⁉

その愛、すなわち**神の愛＝大愛**という生命エネルギーが人間に宿っていることが、人間が神に似ているという理由です。これが、「人間が神に似せて創られた」という聖句

（図1―6）：創造主がすべてをつかさどる

生命エネルギーは愛であり、光そのものです。
水は、形（物質）を作る材料ですから、「質料」と言います。
その質料とエネルギーおよび形も含めて、一体として統制・統御しているのが「神」＝「創造主」なのです。

の本当の意味なのです。決して、神が人間の姿をしている、という意味ではありません。

言い換えれば、「人間には、神という大愛が宿っている」「人間には、神の智慧と力が宿っている」ということが、神に似ているということなのです。

同じ霊長類でも、チンパンジーやオランウータンは、他の動物に比べれば知能は高いでしょうが、人間ほどの文明を築くことはできません。神に似せて創られていない、ということです。あなたの中に、「神は人間の姿をしているだろう」という観念があるならば、今すぐ手放してみてください。

ちなみに、肉体が古くなって、役に立たなくなった時、それを脱ぎ捨てることを「死」と言います。肉体というものは、神という生命エネルギーがまとっている衣装のようなものです。生命エネルギーがつける衣装は二種類です。男の衣装・女の衣装、それこそ取っ替え引っ替え自由自在です。これには、カルマが関係していますが、詳しくは第6章で説明していきます。

◉「生まれ落ちる。昇天する」の意味

見える氷は水分子が固く結合して振動数が低くなっています。見えない水蒸気は水分子が自由に飛び回っていて振動数が高い状態です。

人間が誕生する時は、見えない生命を宿して見える世界（振動数が落ちた世界）に落ちてきたことになりますので、「（生命が）生まれ落ちる」と言います。反対に肉体的死を迎えた時に「昇天する」と言うのは、生命そのものが肉体という衣装を脱ぎ捨てることから、振動数の高い見えない生命の世界（天）に昇るという意味です。

日本語の場合、霊的表現には、文字のあてられた背景に必ず意味があります。日々使っている言葉の中にも数多くの例があり、心がけて見ていると、日本語の成立には、言霊《ことだま》（言葉の力）というものにいかに注意が払われているかがわかります。

三．この世の謎解き

◉見える世界と見えない世界の違い

人間の謎解きができたので、次はこの世の謎解きです。

皆さんはこの世の見えている世界が、実際にあるので実在だと思っているでしょう。果たしてそうでしょうか？

見えているものは、見えないものから構成されています。

例えば、次頁のガラスのコップを見てみましょう。

「これは何ですか？」と質問すると、ほとんどの方が「コップです」と答えます（図1−7）。

でも、私の答えは「ガラス」です。

なぜ違うのでしょう？

私は本質であるガラスを見て答えています。皆さんは形であるコップを見て答えているのです。しかしガラスとコップには境目が無いのです。

（図1―7）

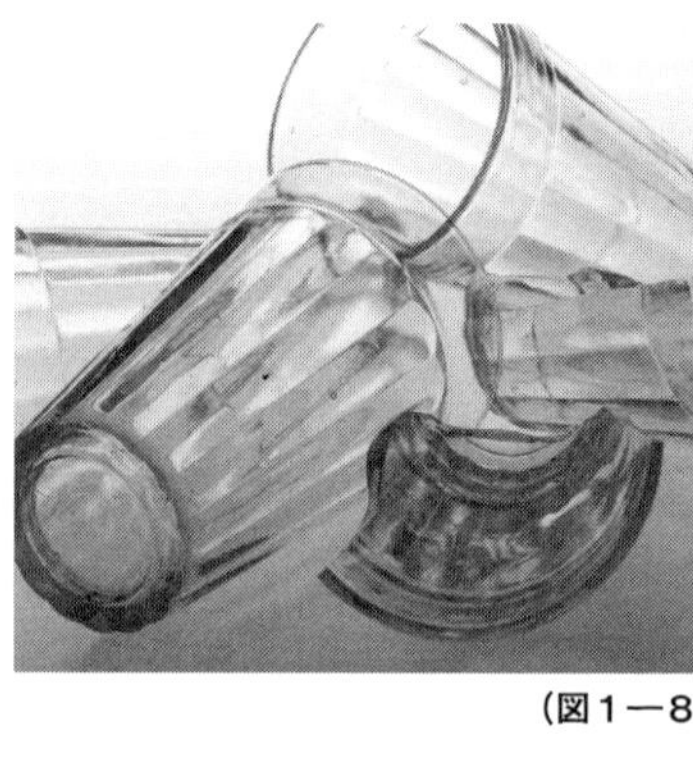
（図1―8）

コップが割れて壊れると、ガラスのカケラと呼ばれます（図1―8）。やがてガラス工場に送られてビンや窓ガラス・置物などに加工されます。形や役割が変わりますが、ガラスという本質は変わりません。

では、コップがあったのでしょうか、ガラスがあったのでしょうか？

本質を見れば、答えは「ガラス」ですね？　この場合実在するのは「ガラス」であり、存在していたのは「コップ」ということになります。**見える世界と見えない世界との違いは、その人が「存在を意識しているか、実在を意識しているか」の違いです。**

●見える世界とは、姿形のある状態を意識している時のこと。
●見えない世界とは、姿形のない世界を意識している時のこと。

たったこれだけの違いしかありません。では、永遠にあるのは見える世界でしょうか、見えない世界でしょうか？

見えない世界が、永遠にあります。

コップという形は消えても、ガラスという本質は無くなりません。水が無くなっても、酸素と水素は無くなりません。

前の項目で確認したように、人間は生命が肉体という衣装をまとったようなものです。その生命は「大愛（神の愛）」でもあります。大愛は永遠の命とも申しますが、**「姿形がない命は永遠」「姿形のある肉体は有限」**です。永遠の肉体というのはありません。

このように、本質である**「大愛・大生命・大光」**を観て人生を送ることができると、姿形にとらわれることがなくなっていきます。

これが、この世に生きていながら「神に近づく生き方」です。

要するに、「人間を見るか、生命を観るか」です。生命を観ることができると、善悪・美醜などの価値観が減っていきます。多少のことには動じなくなりますので、心が安らかになるのです。是非、本質を見るようにして、この見える世界の生活を快適に過ごしていただきたいと思います。

四．人生の目的

◉人はなぜ生まれる？　どこから来て、どこに還る？

もう一度確認しておきましょう。一般的に、赤ちゃんは男女の性的行為により、約十月十日《とつきとおか》で生まれます。

最初に必要なのは形の要素である「水」です。成人の人体でも60～70％は水分が占めています。しかし、水でできるのは物質としての肉体だけです。

水は質料（【用語の解説】参照）の例えとして使われます。質料の例えとしては他にも電子質料・水様質料・エーテルなどが使われます。本書では一貫して「水」を質料の例えとして使用します。

その水でできた肉体に、生命が宿って初めて赤ちゃんは生きるものとなります。見える肉体に見えない生命を宿してこそ、この見える世界で生きていくことができるのです。赤ちゃんの産声は、神がこの肉体に息を吹き込まれた瞬間で、力いっぱいに泣きます。その元気な産声を聞いてこそ、赤ちゃんが生きている証しとして親は安心するのです。

その赤ちゃんも成長し、成人し、人生の荒波を越え、やがて人生を終えて死を迎えます。では、

人間は生きている間で終わりなのでしょうか？
人間はどこから来てどこへ行くのでしょうか？

実は、人間は見えない世界から来て、見えない世界に還っていくことになっています。**人間として生きている間に、見えない世界に還る練習をすることが人生を生きる目的なのです。**『竹取物語』の主人公「かぐや姫」が月に還るという話は、この見えない世界へ還ることを象徴しています。

もう一度冒頭の三つのコップの例を思い出してみましょう。あらためて固体の氷・液体の水・気体の水蒸気を霊的に例えてみましょう（図1—9）。

（図1—9）

状態	肉眼	振動数・分子の状態	霊的例え
気体	見えない 〈水蒸気〉 姿形がない	高バイブレーション （水分子が自由に運動できる状態）	霊体（霊界） 元々いた所 還るべき所
液体	見える 〈水〉 おぼろげにあるらしい	中間の状態 （水分子がある程度、拘束されている状態）	幽体（幽界） 人間意識のまま、亡くなると霊界にたどりつけず、一時的にとどまる所
固体	見える 〈氷〉 はっきり見える 手でつかめる	低バイブレーション （水分子が強く結合している状態）	肉体（現実世界・現世） 今いる所

●固体の氷は「肉体」（現実世界）
●液体の水は「幽体」（幽界）
●気体の水蒸気は「霊体」（霊界）となります。

これを振動＝バイブレーションで例えると、図のようになります。

●**氷**は（固体で）水分子同士がガッチリ結合しているので「低バイブレーション」状態。
●**水蒸気**は（気体で）水分子が自由に運動できるので「高バイブレーション」状態となります。
●**水**は（液体で）その中間の状態です。

●**現世の世界**は肉眼で見えるし、触ることもできる肉体を持ちますので、低バイブレーション状態です。

●**幽界**は肉眼では見えませんが、ある程度の姿形がある世界です。しかし肉体よりは高いバイブレーション状態なので触れることはできません。肉眼で見ることもかないません。

●**霊界**は見えない世界です。生命の世界で高バイブレーションの世界です。姿形がない世界です。

そしてこの三つの世界は別々に存在するのではなく、水での例えと同じように、渾然一体としてあるのです。

人間は生まれる以前に、見えない霊界から母胎内の胎児に降ろされます。肉体が生命をまとって人生を送り、やがてまた霊界に戻るよう定められているのです。なぜなら、神の創った地上世界を人間が耕し豊かに実らせて、より一層豊かで、平和な世界にして神に返すために、神は人間を創造されたからです。

しかし、降ろされる時に、肉体を守るために、人間はほんの少し「自我」をつけられて降りてきます。その自我が肉体として生きていくうちに強くなりすぎ、肉体を失った時、霊界のバイブレーションに戻れず、幽界止まりになるケースがほとんどなのです。

（図１—10）

状態	肉眼	振動数・分子の状態	霊的例え
気体 実相	見えない 〈水蒸気〉 姿形がない	高バイブレーション （水分子が自由に運動できる状態）	霊体（霊界） 元々いた所 還るべき所
液体 仮相	見える 〈水〉 おぼろげにあるらしい	中間の状態 （水分子がある程度、拘束されている状態）	幽体（幽界） 人間意識のまま、亡くなると霊界にたどりつけず、一時的にとどまる所 輪廻転生
固体 仮相	見える 〈氷〉 はっきり見える 手でつかめる	低バイブレーション （水分子が強く結合している状態）	肉体（現実世界・現世） 今いる所

仮相：常に変化する状態にある、作られている世界ともの

実相：変化しない世界、およびその構成要素のこと

幽界にとどめ置かれると、再び肉体ある人間を体験しなければなりません。これが「輪廻転生」と呼ばれる仮相の現象になります（図1―10）。イエス・キリストが「再び生まれてはならない」と教えたのは、この輪廻転生を断つためでした。

人生の目的は、人間として生きているうちに、霊のバイブレーション状態に意識を引き上げて、肉体を脱いだ時に、霊界に直行することなのです。

ですから、金銭的・物質的に豊かになったり、地位や名誉を求めたりすることが人生の主目的ではありません。肉体を霊意識まで引き上げ維持するには、ある程度の金銭も物質も必要ですが、主目的を忘れてはならないということです。

イエス・キリストが、金銭や物質について話したことをお伝えします。

「人間として生きているうちはお金も物質もある程度は必要である。しかし、それらに執着することなく、それらを賢く使え」（イエス・キリスト）

五．お釈迦様とイエス・キリストの関係

◉再び生まれてはならない＝脱輪廻

前節で申しましたように、輪廻転生は本来、神の計画にはなかったものです。

しかし、あまりにも人間の自我が強くなりすぎて、神の世界に戻る者が少なかったので、天上界の計画＝神の計画によって地上に派遣されたのが、二千五百年前に真理を説いたお釈迦様（ブッダ）です。

お釈迦様も輪廻してはならないということは教えていたのですが、あまりにも人間の意識が低く霊界の理解が進まないので、やむを得ず「輪廻があること」を認めたのでしょう。

その結果、仏教では輪廻思想が強まってしまったようです。

これでは、ますます人間が天上界に戻らなくなるということで、輪廻転生を否定するために地上界に降ろされたのが、約二千年前のイエス・キリストだったのです。

誤解の無いように申し上げますが、ここで宗教教義の話をしているのではありません。**創造主の真意は「輪廻が必要ない」ということなのです。**

その影響は、南米諸国を旅した時にも感じました。キリスト教世界、とくにカトリック教会の影響が強い社会では、前世・過去世という観念・世界観を持った人は少なく感じました。日本人社会には、仏教の影響が強く影響していますので、前世・過去世を信じている人が多いようです。

北米大陸の先住民族の一つに、ホピ族がいます。現在もサンクチュアリの中で先祖の教えを守って生活しています。その彼らが信じている先祖の教えが、人の生命は、肉体が死を迎えると同時に、肉体から抜けて大空に還るというものです。

「私のお墓の前で泣かないでください」という歌がヒットしたことがありましたが、まさしくそれはホピの教えそのものです。この教えは本当です。お墓の中の死体には、生命は宿っていないということを、ホピの人たちは昔から知っていました。

肉体が生きていると言うなら、死んでも目は見ることができるし、耳は聞こえるはずです。生命が抜けた肉体は手足すら動かせません。生命が抜けてしまった肉体は、やがて朽ち果て土に還ります。

生命こそが、肉体を生きるものとして存在させている主役なのです。

「脱輪廻」こそ、「現世に今生きている私たちの人生の主目的」であることを、強調しておきます。

第2章　精神世界の歩き方

一・人間の誕生

◉神が人間を創造したという事実

現代人は、「人間が神を創造したのだろう」と漠然と思っているようです。

これは、勘違いではないでしょうか。

あくまでも「神が人間を創造したのです」。

文明があまりにも進みすぎて、人間はコンピュータとの競争に追い込まれています。神のことは忘れ掛けています。現代の生活では、こういうテーマについて、深く考える機会が減っているからだと思います。

天災地変が起きても、道路や鉄道などの社会的インフラや生活の場としての住宅を復旧することが最優先です。復旧作業は大事なことです。ですが、それよりもさらに大事なことは、「なぜ、天災地変が起きてしまったのかという原因を考えること」なのです。その原因が、自分の日々の暮らしの結果だとは思っていない人が大多数だと思います。

日々生活をしている街や住居は見えている世界のことです。この見えている世界は結果の世界。原因の世界は、神の世界・天界と言います。

天災地変を起こした原因は、一人ひとりの心が原因であったと指摘されたら怒り出す人が多いかもしれません。天の災いと書いて天災と言いますね？　しかし、神を忘れて、見える世界の豊かさを追い求めているのが現実ではないでしょうか。神を忘れていることが、天災の最大の原因です。

見えている状態を「実在」と勘違いしているのです。

普通に生活していると、目の前の金銭や物質的なものに意識が集中してしまいます。そのため、勘違いが起きているのです。

この勘違いは、近年目覚ましい進歩を遂げている人工授精や再生医療の分野でも見られます。様々な細胞を加工して、難病を治療する方法が数多く研究開発されています。さも人間が細胞を作り出しているかのような報道が、勘違いを増幅させます。

よく考えてみましょう。

難病の治療に用いる細胞は、人間の手ではできないのです。治療に用いる細胞は人間の組織細胞を様々な条件で培養して作られています。では、元となる人間の組織細胞を作ったのは、誰でしょうか？

組織細胞そのものを人間の手で作り出すことは不可能ですね。人間の精子と卵子から人間の受精卵ができます。その受精卵の細胞の中で、ここは心臓にして、ここは肺、ここは肝臓などと生命の受け皿の形を制御するのは細胞の中の遺伝子です。その細胞自体を生きるものとして活性化させているのは生命エネルギーです。

細胞の諸器官のうち、細胞核にある遺伝子（DNA）を一から創造できる人間はいません。遺伝子を解析して読むことはできます（ゲノム解析）。また、遺伝子を操作して編集することはできますが、初めから遺伝子を人間の手で作ることはできないのです。

遺伝子は、元々「神の領域」に属しているのです。

科学が進歩しすぎると、人間の意識が傲慢になると予言されていますが、今がまさにその時代です。

本論に戻りましょう。

神が人間を創造したのです。第1章でも述べましたように、天地創造から人間の創造までは聖書に書いてある通りです。

神は太初（初め）に「光あれ」と言い、光が生まれました。

その光は二重性を持っています。

一つは、生命波動という「エネルギー性」です。もう一つは光量子（光の粒子）という「物質性」です（図２―１）。

その物質性が具体化したものが水の質料で、その水で人間の肉体が作られます。その肉体に生命というエネルギーが宿ることによって、人間は肉体を持って生きることができるようになります。

では、その肉体も生命も元々は神のものではないでしょうか？

さかのぼれば、すべて神であり光ですね。

普段の生活では、肉体も生命も「自分」個人のものだと思い込んでいます。

物質を見ている状態を、無明の状態と申します。なぜなら、肉体は生命という光が

（図２―１）

なければ生きることができません。肉体は生命が抜けると死体になります。死体には生命という光がありませんので、無明と言うようになりました。

日々、物質に囲まれて生活しているうちに、自分の裡《うち》に宿る生命＝光を忘れてしまいます。光を見失い、物質という闇に生きて、目の前のことが満たされると、生命のことは意識しなくなります。神と共に生きていることを忘れてしまった時代が、今の時代です。

もう一度念を押します。
神が人間を創り、人間に神が宿っています。

あなたの中に神が神我として宿っていて、創造主の神の中にあなたの神我が宿っています。神我は創造主の神が個別化したものですが、神我は創造主から切り離されているのではありません。渾然一体となって共に生きているのです。親である創造主がその子である神我と共に生きる「渾然一体」という状態の素晴らしさを、見えるように説明できたらと切に願うものです。

その神は、人間に宿っている間は、「生命エネルギー」としても肉体を生かしています。その「生命エネルギーを神として理解すること」が重要です。砕いて言えば、神は生命であり、その生命が神そのものであるという意識を、あなたの心で内観することです。それが心に定着することが、神はサイエンスであるという見方の基礎になります。

イエス・キリストも「自分に宿る生命意識を裡《うち》なる神我と観よ、そうすれば自分の生命が神であるということがわかるであろう」と述べています。このイエスの言葉は、何回も何回も繰り返し味わっていただきたいと思います。

◉誕生とは何か、生きると死ぬとの違い

人間が生まれてくる時には、神の愛、つまり陰陽の法則（51頁参照）よって質料とエネルギーが結びつくことが必要です。このことは前項のお話でおわかりいただけたと思います。

誕生し成長するにつれて自我意識が発達します。

自我の発達は悪いことではありません。自分の肉体を維持し守るためには、最低限の知識は必要だからです。

食べられる魚やキノコはどれか、包丁やノコギリで手足を怪我しない使い方はどうするのかなど、日々生活する上での知識は必要です。仕事内容やその人の置かれた環境に応じて、自我に基づく知識は肉体の保護や仕事には必要だからです。

しかし、その過程で神を忘れてしまうのです。

物質中心で動いている現在の社会では、「人類が神から遠ざかってしまった」状態になっています。だから、親は子に、「神と人間の関係」を正しく教えることができなくなってしまいました。

では、**「神と人間の関係」**とは、どういうことでしょうか。
それは、肉体が生きているという物質中心の見方から、神（生命）が人間の肉体に宿っているという見方に転換することを意味します。

生命中心＝神中心の見方とは、自分という肉体が神に生かされていると意識して生活することです。この「神に生かされている」という言葉を繰り返していると、生活の質が上がります。物事の運びが良くなります。円滑になります。ストレスが減っていきます。

日がな一日、仕事もしないで神を拝み続けなさいということではありません。神を意識したら、次の瞬間は日常の仕事をしている状態が望ましい状態です。「座して神を拝む莫《なか》れ」と聖者方も戒めています。お寺さんでも、お経を読んだり、座禅を組んだりする間に「作務」という庭掃除や、建物の清掃などの日常の仕事を、仏の御心に叶うように行いなさいと教えています。

生命中心の生活とは、あなたの意識を少しの間、神に向けるだけのことだと思ってください。神は、すべての人の中に生命としてエネルギーを発揮して肉体を活かしています。生きている間はこの見方が極めて重要です。

生命が抜けてしまったら、あなたの肉体は死体になります。

あなたの肉体が生きていると言うなら、生命が抜けてしまった死体は動けるはずです。死んだ人の目はものを見ることができません。耳は聞こえません。話し掛けても答えません。死人に口無しと言うではありませんか。

生きているからこそ、目は見、耳は聞き、口はしゃべることができます。

人間の生と死を、明確に識別しておきましょう。肉体に生命＝神が宿っている間は「生」、宿っていなければ「死」ということです。

ここで神からの問いかけがあります。
人間に神が宿っているので、肉体を神社「宮」に例えて出てきた言葉です。
その言葉とは、**「肉体は生ける神の宮」**という言葉です。
神は、この言葉のどこかに読点「、」を打つと、意味がより明瞭になるというのです。
皆さんはどこに読点を打つのが適切だと思いますか？

A：「生ける、神の宮」でしょうか？
B：「生ける神の、宮」でしょうか？

正解は、B「生ける神の、宮」なのです。神が生きているのであって、人間の肉体は神が宿っている間は生きています。Aの答えだと、肉体が生きていてそこに神が宿る、という意味に捉えられることもあります。

「神のみが生きていますよ」という意味を強めるには、「生ける神の、宮」が適切だと神は言います。

- **「誕生」とは、肉体という質料に、生命エネルギーが宿ること。**
- **「生きる」とは、常に神を意識しながら、日常生活を送ること。**
- **「死」とは、肉体から生命エネルギーが抜けること。**

この識別は、これから先の話に、重要な意味を持っていきますので、覚えておいてほしいと思います。

二. 基本の法則（スピリチュアルの曼陀羅図＝地図）

◉原因結果の法則（因果の法則）

神は第一原因者です。人間は神の被造物（神よって神に似せられて創造されたもの）ですから、人間は結果です。

図（図2―2）をご覧ください。

縦の関係が原因結果の法則を表します。

神が原因者です。人間はその結果となっています。原因の世界は、肉眼では見ることができません。結果の世界は、肉眼で見ることができます。

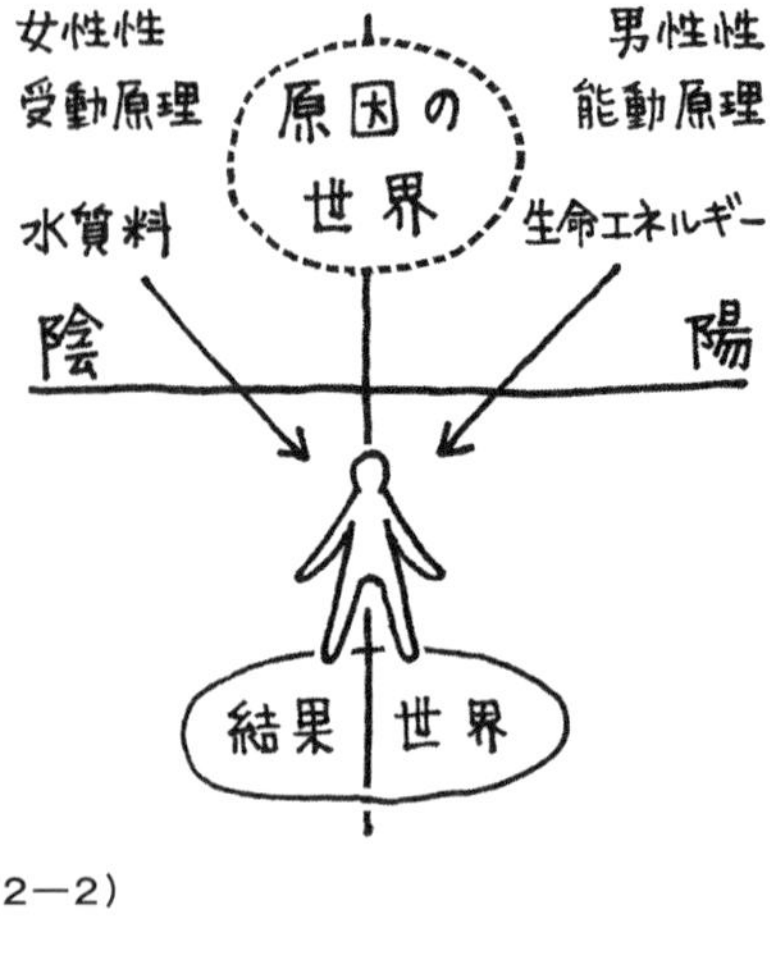

（図2―2）

精神世界と一口に言う人がいますが、その真実の意味は、「見えない世界」ということです。この図から申し上げたいことは**「原因の世界」が精神世界**ということです。

従って、精神世界を理解するには、自分が見えない世界を見ているかどうかを判断します。その上で見えない世界を理解すれば良いのです。

原因を見ている人は精神世界を見ている人。
見える世界を見ている人は、結果を見ている人、となります。
精神世界を理解するには、この図（マップ）が必要になります。

◉陰陽の法則

陰陽の法則とは、図で示すように横の関係です。右側が男性性（能動原理）です。左は女性性（受動原理）となっています。質料だけでは形になりません。質料にエネルギー（生命・熱・圧力・結合力など）が加わり、質料が形となって維持されて、肉眼で見える状態になります。

これは、エネルギーと質料によって形ができることを意味しています。アインシュタインが、「エネルギーとは、質量に光の速度の二乗を掛けたもの」と定義して、有名な公式を残しました。

$$E=mc^2$$

Eはエネルギー、mは質量、cは光の速度を表します。

これが、陰陽の法則を物理学の公式として表現したものと言えます。

地上では光の速度は30万㎞／秒と言われています。これより速い速度は無いことになっています。しかし、現代の人類が見ている宇宙は「現象化した宇宙」です。現象化した宇宙の外には霊的な無限大の宇宙があります。その無限大の宇宙では、「光の速度は無限大」です（第5章参照）。

では、この速度の違いはどこで起きたのか？　物質化した宇宙では、真空といえども星間物質があります。地上で測定する場合は空気が存在していたので、空気や星間物質のわずかな抵抗によって光の真実の速度は30万km／秒となってしまいました。

光の速度は、現在の人類の科学的知識の理解を超えています。原因世界の宇宙へ出ると、光の速度は無限に速いのです。

結論から言うと、この公式は、現象化した宇宙に属する地上のもの。原因世界の宇宙へ出ると成立しません。そこは光のみの世界であって、その光（光速）は無限になっているからです。

◉愛の法則

では、愛の法則とは何でしょうか？

図（図2―3）を見てください。今度は真ん中に「愛」が入っていますね。

因果の法則（縦の関係）と陰陽の法則（横の関係）が交わったところがグラフの原点になります。二つの法則が交わった時、火花＝スパークが起きます。強烈な光が生まれます。この原点が「愛」なのです。
ですから人間は、生まれてくる時に**「父《ちち》母《はは》の愛（陰陽の法則）」**と、**「神の愛（因果の法則）」**という二つの愛を宿してスパークして光り輝いて生まれてくるのです。

「愛」はグラフの「原点」です！　スパークした光そのものです。
愛はすべての原点だという意味は、この図が証明しています。

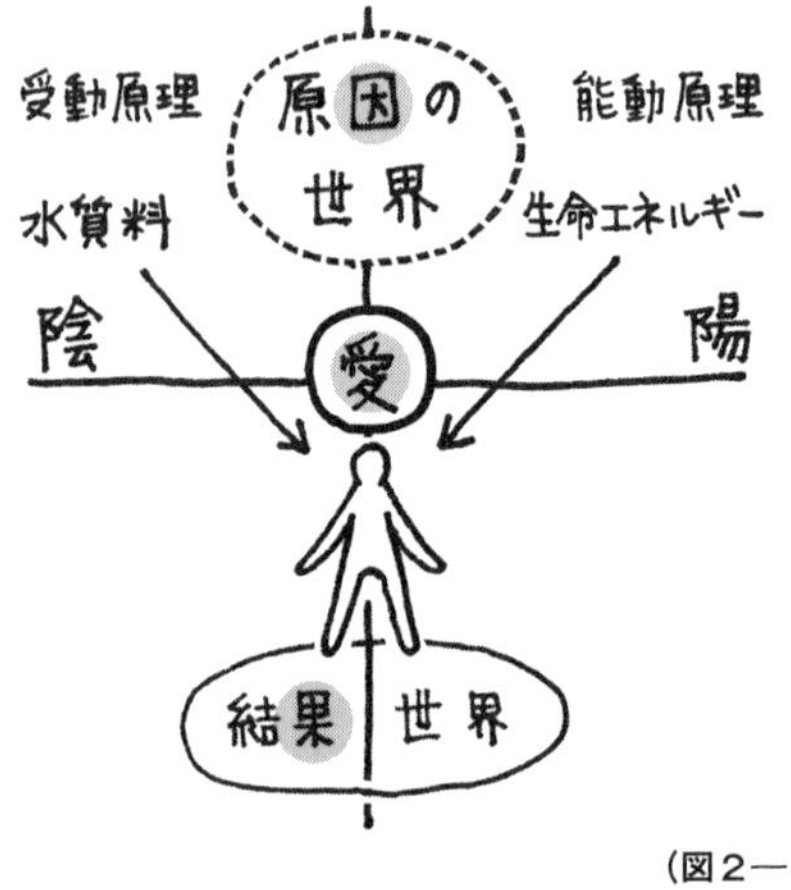

（図2―3）

因果の法則と陰陽の法則を知らなければ、人間が宿している愛を理解できません。ましてや、自分の本性が愛だということを理解することも不可能です。

現在の物質的な生活を送っている人々が「原点を見失う」という背景には、結果ばかりを見て、原因の世界（神）を見失っていることが最大の理由です。「原点を見失う」ということは、「愛を見失う」ということと同義です。人を損得で見れば愛を見ていません。その人は、物質的な考えをする人だと評価されてしまいます。

「愛はすべての原点」の真実の意味が、この図に込められています。

この図を思い出すことによって、あらゆる人生の困難を克服できます。

この図は、**「人間は（自分は）、父母の愛と、神の愛という二つの愛によってこの世に生まれてきた」**ことを示しています。

愛はあなたの中に宿り、あなたの関係する人にも、しない人にも、平等に宿っています。

人類が神に似せて創られたというもう一歩深い意味が、人間が神の愛を宿していることからも、おわかりいただけると思います。

神は、あらゆる人種や民族を超えて万人に宿っています。ですから、「神も生命も愛だ」ということは、人類共通の財産なのです。

今なら、神は生命エネルギーであり、愛であることが、少しはご理解いただけたと思います。

ここまでで、精神世界の地図を理解したことになります。

次の第三節では、いよいよ精神世界のコンパスを理解しましょう。そうすれば、地図とコンパスが使えるようになりますから、精神世界で迷うことは無くなるはずです。

三．意識の持ち方（スピリチュアルのコンパス＝磁石）

◉意識とは何か

意識と言うと、一般的には、人間の自我意識の状態を指していることが多いと思います。しかし、ここで言う意識とは**「神の意識」**のことです。

本来、神意識しか無いのです。神がすべてを創り、すべてに神が宿っているなら、すべては何でしょうか？

すべては神、ですね。

悲しいかな、生まれ落ちて以来、「あなたは人間だよ！」と刷り込まれて育てられた結果、自分は人間だと思うようになったのです。

ここで、聖者方の嘆きをご紹介します。

『「親が無智なるが故に、子もまた無智のまま生涯を終わる」幾世紀にもわたる人類の無智のために、地上には無明がはびこってしまった』

本来、あなたは本質に神を宿している形態です。その形態に人間という名前をつけただけなのです。

だから、人間は見える仮の世界にある「存在」です。
神は、肉眼では見えないけれども実際に在る世界にある「実在」です。

存在とは、いつかは無くなるもの、実在とは、永遠にあり続けるもの、ということを意味しています。

この「実在（神）」と「存在（人間）」の識別をしっかりしておきましょう。

自分の本質は、神なのか人間なのか、時間があるたびに自問自答して答えを出す習慣を身につけましょう。

自分以外の人に「私は神か人間か、どっちだと思う?」と聞いても、「人間でしょ!」と言われるのが関の山です。下手をするとアブナイ人だと通報されるかもしれませんよ。答えは、自分の胸の裡《うち》で出しましょう。

本来、この自問自答のプロセスは、瞑想の結果得られるのですが、瞑想については、まとめて第7章で触れることにします。

◉高い意識・低い意識

一方、生命は、この世を生きている間の周囲の環境や、交わる人の意識状態の影響を受けます。影響を受けた生命は、波動が高くも低くも変化します。

その結果、肉体から離れた時点での生命は、生きていた時の波動を引き継ぎます。見えない世界へ行っても、その波動に相応しい波動の館に還ります。

テレビを見る時も、放送局から発信された見たい番組と同じ周波数の電波を選ばないと、希望する番組を視聴することができないのと同じ理由です。

生命は波動ですから､見えない世界の波動の合う場所（館）にとどめ置かれます。ですから、生きている間の波動の持ち方が非常に大切なのです。

ここで、意識の高い・低いについて理解を深めましょう。

高い意識状態＝神意識状態の高波動を持って見えない世界に入ると、霊界に入ります。

低い意識状態＝人間意識状態の低波動のまま見えない世界に入ると、幽界止まりになります。それ以上は進めません。波動が合わないからです。

この世のお金や土地、財産などが霊界に、あるいは幽界に持ち込めないのは、波動が違いすぎるからです。**物質は低波動**、**霊界は高波動**です。見える世界のものを、見えない世界に持ち込もうとしても、波動の違いで持ち込めるはずがありません。

ヒマラヤの聖域に踏み込む時、いろいろな荷物を持って山中に分け入ります。その時、ほとんどの持ち物は、パスポートですら何らかの障害に遭って失われてしまいます。首尾良くヒマラヤ山中で必要な期間を過ごすことができると下山です。その時驚くのが、現実に有効なパスポートや金銭が用意されていることもあるということです(『解脱の真理』『キリストのヨーガ』(霞が関書房)などを参照)。

わかってしまえば不思議は無くなります。理解できない現象を見ると、奇跡が起こったと言います。しかし、**すべてはサイエンスの世界で理解が可能なのです**。

また、霊界・幽界それぞれの世界でも、高低差がありますので、文字通り無数の館(=意識状態)が見えない世界にはあります。

このことをイエス・キリストは、「天(見えない世界)には、無数の館がある」と指摘しています。その館こそ、この世に肉体を持って生きていた時の意識状態(波動)を意味しています。

こうして見えない世界から見える世界全体を見渡すと、見えている世界は全くの仮の世界＝仮相の世界だと感じることでしょう。見えない世界は、見える世界が無くなっても、永遠にあり続けますので、**実際に在るから実在界＝実相世界**と呼ばれるのです。

また、見える世界から見えない世界まで理解が進むことを「視野が広がる」と申します。建物でも、一階で見ている景色と、二階、三階と上に行けば見える景色の範囲が広がるのと同じです。見えている世界の知識や体験を重ねることだけが、視野の拡大ではありません。見えている世界の意識から、見えない世界の意識へと高揚することが、真の視野の拡大なのです。

なぜなら、見えるものから見えないものまで、文字通り全体が丸見えになり、全体を意識するようになるからです。

霊界に達すると、霊界はもちろん幽界も現世までも見えてしまいます。

文字通り三つの世界を見通すことができますので、霊界に達した意識は「三世《さんぜ》を見通す力」を持つことができるのです。

三世を見通せることは、すべてを理解するということです。勉強してこの力を得るのではなく、あなたの意識を神に向けるだけで得られるのです。

神を理解するには、性別・国籍・地縁血縁・学問の有る無しなど、一切関係がありません。文字通りどなたにも理解できるのです。

ただ、神を理解し、受け容れる能力だけは求められます。難しいことはありません。皆さんでも、神を意識することは、今の瞬間でも可能です。

「神は私に宿る」このように思うだけで良いのです。

これが、精神世界のコンパスです。自分の意識が神を向いているか、人間を向いているか、それは、あなた自身がご存知のはずです。

さて、話を元に戻しましょう。第1章の図を少し加工してあります（図2―4）。

自分は、現在どの波動なのか、この図がコンパスになります。

幽界という見えない世界にとどまってしまった意識体は、神のご意思に適うまで、再訓練のために人間として見える世界に降ろされてしまいます。

（図2―4）

状態	肉眼	振動数・分子の状態	霊的例え
気体 実相	見えない 〈水蒸気〉 姿形がない	高バイブレーション （水分子が自由に運動できる状態）	霊体（霊界） 元々いた所 還るべき所
液体 仮相	見える 〈水〉 おぼろげにあるらしい	中間の状態 （水分子がある程度、拘束されている状態）	幽体（幽界） 人間意識のまま、亡くなると霊界にたどりつけず、一時的にとどまる所
固体 仮相	見える 〈氷〉 はっきり見える 手でつかめる	低バイブレーション （水分子が強く結合している状態）	肉体 （現実世界・現世） 今いる所

直行する（神意識）

輪廻転生

これが「輪廻転生」です。

この輪廻を克服するには、純粋に神を想い、神のために働き、意識波動を上げるように人生を送ることです。

なぜか？　それは神が「産めよ、増やせよ、地に満てよ」とお命じになった計画の成就を手伝うことになるからです。神は地上を豊かにするために、人間にその手助けをする役割を与えているからです。

神のために働いた生命体という意識体は、波動が上がりますので、霊界に入ります。

欄外に書いた「直行する」という矢印の意味です。生きているうちに、肉体を持ちながら、輪廻転生を克服できたら、幽界に捕まらなくて済むのです。

これが、本当の意味の**「昇天」**です。

ナフタリンや樟脳《しょうのう》という固体は、液体状態を経ることなく気体に変化します。虫除けが液体になって、タンスの中を汚すということはありませんね。固体から直接気体に変化することを「昇華」と言います。揮発性が高いからです。固体でも揮発性が高いということは、分子の運動が高い、つまり波動が高いということです。肉体という固体波動でありながら、意識の波動を高めれば、十分気体波動としての霊界に直行すること=昇天はできます。昇天をイメージできなければ、昇華するナフタリンや樟脳などの防虫剤を思い出してください。

まさに、肉体を持ちながら、直接神意識・霊的意識に変わることです。

波動が高い人とは、人間の姿をしていながら、自分は神だと思っている、あるいは神を意識している人のことです。

意識を高めて人生を送ると、死んでから差がつくのです。

はっきり申しますが、死んでからの方が大事なのです。生きている間の時間より、死んでから（肉体が無くなってから）の方が、過ごす時間も長いのです。老境に達した人が、「人生はあっという間の出来事でした」と言うのを耳にすることはありませんか。

霊界に戻った生命は、すぐに神のお手伝いができるようになります。

天国の仕事ですから、人間関係や資金繰りに煩わされることがなくなります。

人生を終わって再び天に還る時、見事に霊界に入ることができれば、神は「よくやった！」とその生命体（意識体）を霊界に迎え入れてくれるのです。

このことが、聖書の放蕩息子の例え話にあります。

「放蕩息子が、すべての財産を使い果たして父の家（霊界）に帰った時、父は責めもせず食卓を用意して、食事をもって歓待した」という例え話です。

では、人生を生きている時、波動は高い方が良いですか、低い方が良いですか？

答えは、自分自身で出してください。なぜなら、神ですら個人の自由意思は冒せないからです。神は、人間の自我意識を冒してはなりません。それこそ個人の自由だからに他なりません。神が、個人の自由意思を冒せるなら、神はとっくにすべての人間の自由意思を奪って、人類全体を天に還していることでしょう。

また、霊界に入るには、肉体的な死を待つ必要はないのです。

現に、肉体を持ちながら自分に内在する意識を、常時神に向けていれば、肉体を持ちながらにして霊界に入ることができます。想い一つ、意識一つを神に向ければ済むことです。修行は不要です。現に著者自身は、滝行・断食・不眠などの修行はしたことがありません。

「常時神を意識している」この状態を維持しているだけです。

高僧が悟りを開くという意味は、この状態を指すのです。生きていながらにして霊界に入るということです。

神意識であることは、悟りです。人間意識でいることは、迷いです。

人間は、ああでもない、こうでもないとあれこれ迷いますね。ですから人間意識は迷いの状態と言います。

では、自分が悟っているか、迷っているか、誰が一番よく知っているでしょうか？「自分自身」ですね。筆者自身は悟っていません。ただ完全な悟りを目指して努力している人のうちの一人です。また、悟りを得た人が「私は悟っている」とは絶対に言いません。悟りの状態は、本来の生命の状態だからです。神意識・生命意識の状態では、悟っていること（平安で平和な心の状態であること）が当たり前になっています。

他人には、あなたの意識が、神を意識しているか、人間を意識しているかはわかりません。一番よくご存知なのは、あなたご自身です。ですから、悟っているか迷っているかは、内在の神には嘘がつけません。

また、あなた以外の人も神ですから、一時的に悟っていると嘘がつけたとしても、やがてわかってしまいます。その嘘は白日の下に晒されます。

今まで使っていた「意識」という単語が、今日からは**特別な意味＝「神意識」**という意味を持って、あなたの胸の裡《うち》に着座されましたら嬉しいかぎりです。

四・精神世界の地図とコンパス

◉地図とコンパスを忘れずに！

前節まで、精神世界の地図とコンパスのお話をしてきました。
ここでは、その実践内容をご案内します。

その前に、前節までのおさらいをしておきましょう。
まず、神が私たち人間に内在していることを知りました。今までは、神をどこか遠くにあるものだと勘違いしていました。
人間には、神の生命が宿っていて、肉体は神の生命に生かされていることを知りました。さらに、生きて活動している時の「意識状態」によって、輪廻を克服することができることも理解されたことでしょう。

次にここで強調したいのは、**「神は非常に現実的だ」**ということです。

現にあなたの手や足よりも近くにいるのではないですか？
神は、どこにいるのか、それはあなたのハート＝心臓に宿っています。
心臓は、あなたの胸の裡《うち》、手や足よりも近いですね？
それ程、近くにいるのに、気づかずにいただけなのです。

そういう私も、かつてはお寺や神社巡りをしていました。パワースポット巡りもしていました。しかし、釈然としない日々が続いていたのです。

そして四十歳を過ぎて出会った聖者方が、この精神世界の地図とコンパスを教えてくださったのです。それ以来、日々欠かすことなく自問自答を続けてきました。

「自分は神か人間か」
「自分はどこから来て、どこへ行くのか」

電車に乗りながら、吊革・手摺りにつかまりながらでも、軽く目を閉じて、自問自答を続けていました。夜、就寝前には必ず静かな時間を取り、今でも軽く目をつぶり、自問自答を続けています。

お釈迦様は瞑想ができない弟子に「五分間、霊性でいられないのか！」と一喝しました。イエス・キリストもオリーブの山で「ひとときですらあなた方は覚めた状態（霊的意識状態）でいられないのか！」と、瞑想（覚醒）できない弟子たちを叱っています。

筆者自身、会社を辞める時には、家族にも迷惑を掛けました。それでも二十数年経過して、このように本が書ける生活ができていること自体が、神の導きであると感じています。

とにかく、良いことばかりが連続しているので、心が平安です。困ることが予想されても、その予想はことごとく翻《ひるがえ》っていき消えてしまいます。**これが、「神は、非常に現実的だ」という筆者の実感です。**

五分間でいいですから、軽く目をつぶり、何も考えない状態を維持する練習をしてみましょう。初めのうちは、神を意識するだけで良いのです。誰でもできます。するかしないかは、自分の心がけ次第です。

ただ一つの条件は、**神が自分のハート、胸の裡《うち》に宿っている、ということを受け容れる能力と理解力があるか、**ということです。繰り返すうちにその能力と理解力は向上していきます。神意識への進歩はそれを意識している時間と回数に比例しています。

どうか、日常生活でも、精神世界の地図とコンパスを忘れないように心がけてください。道は示します。歩むのは、あなた、です。

精神世界は知識ではありません。神を知り、神の智慧と力と愛とを日常生活に生かすための行動指針です。実践しなければ、精神世界を学んだ意味がありません。実践こそが、神が日常に現実となって良いことをもたらす鍵になります。

◉自分は何者なのかが地図とコンパスでわかる

「自分探し」が流行した時期がありました。今も自己啓発プログラムに登場してきます。そこで語られることは、心理学からのアプローチです。心理学は人間の心を扱う学問ですので、人間が存在することが前提なのです。

しかし、ここで語られている神は、心理学ではありません。**神をサイエンスとしてご理解いただき、自分自身は何者なのかを学び直すための手がかりをお知らせしています。**

心理学は外側から自分を理解する道具です。

神を知ることは、自分を内側から理解することであり、自分の内面そのものを知ることです。決して、道具ではないのです。

理論的であることは良いことです。理性を使いますから感情的にならず、理路整然と物事を把握できます。理論は物事を外側から把握します。

ここでも神を理論的に説明しています。
でもその先があるのです。

神を知るということは、最初は理論的に理解しますが、やがて神を直接知ることができる**「直接知」**があるのです。「直接知」を動詞化して「直知する」という言い方もできます。

それが、インスピレーション（天啓）と言われるものです。
努力すれば、誰でも天啓を受けることができますが、自分の波動の低さを棚に上げて「私に天啓が下りた」と吹聴しても、すぐにわかってしまいます。

その違いはいとも簡単に見破れます。

神からの天啓は、普遍的な内容です。

例：洪水に注意した方が良い。
この智慧は人類の平和に役に立つ。

人間の天啓（？）は個人的な内容です。

例：我こそは国王である。
この商品が地球を救済する。

たったこれだけの違いです。

精神世界を真に把握しようとするには、最低限、ここまでの内容を十分に把握し、噛みしめていただきたいと思います。

五．愛の法則の真実の意味

◉神は愛であり愛は神である、という教えを説ける人はいない

「神は愛であり、愛は神である」という言葉はどこでも教えています。

しかし、その真実の意味を教えられる人は少ないでしょう。


神はすべての創造主であり、根源神です。

その神の被造物すべてに神が宿っていますので、被造物は諸天善神と申します。

なぜ「諸天善神」と言うか。**「諸天とは、見えない世界・見える世界すべてのこと」**です。また、すべての存在には創造主の愛が宿っていますので、善神と言います。


神は愛であり、愛は神である。

ここまで読まれた方は、何となく直感的にはわかるかもしれません。

もう少し具体的に見てみましょう。
一般的に見える世界の被造物は、**「鉱物・植物・動物・人間」**に分類できます。

神の愛は、鉱物には親和力として、植物の花には本質として、動物には本能として、人間には愛情として現れています。

鉱物の親和力とは、文字通り反応する力という意味です。陰陽の法則で、陰と陽は結合します。酸性物質とアルカリ性物質が中和するのも親和力です。
料理であく抜きをする時も、この智慧を使っています。あく（灰汁）とは文字通り草木灰を水に溶かしたものでアルカリ性です。山菜などの渋味・えぐみの成分は酸性です。山菜を茹でて酸性物質を溶かし出してから灰汁に漬けると渋味・えぐみの酸性成分が中和されます。料理とはまさしく親和力の応用の連続に他なりません。

植物の花には、雄しべと雌しべがあり、子孫を残すという神の本来の性質（本質）を表しています。イチョウの木のように雄株と雌株にわかれている場合もあります。形態は異なっても子孫を残すという機能は備えられています。

動物は雌雄同体のものを別にすれば、ほとんどオス（陽）とメス（陰）の求愛行動に見られるように、子孫を残すための本能が宿っています。

人間も同じです。動物としての本能だけではなく、愛情も備わっています。ただ、人間の愛情は人間同士の子孫を残すだけでなく、その愛情は鉱物・植物・動物すべてを愛することもできるのです。犬や猫が植物の花を見て、その美しさを愛でるという光景を見たことがありますか。

人間は、**霊**的なものの**長**《おさ》として創造されたからです。これが、霊長類と称される背景です。なぜなら、すべての形あるものは、見えない世界（霊界）の現れだからです。

神がすべての被造物に、「産めよ増やせよ、地に満てよ」とお命じになった仕組みは、因果の法則と陰陽の法則です。縦の愛と横の愛、その交点こそ愛であり、愛こそが原点となっていました（本章第二節：愛の法則参照）。

地上の万象万物の本源は愛というエネルギーであります。万象万物を創造した神を表す時「神は愛であり、愛は神である」という聖句が成り立つのです。

◉愛とは、調和のことだった＝その真実に迫る

では、神の愛は万物に宿っていることになりますね。万物はお互いが生きられるように地上では食物連鎖という状態が維持されています。別名、生態系とも言われます。今の地上は、人類が生存領域を広げていき、フロンティアは地上からなくなりました。森林は後退し、動植物の個体数も減りつつあります。魚類の資源も乱獲により個体数が減少したまま、回復しない魚も増えています。人間が

食べ放題食べて、自らの食糧を減らしている状態です。

牛や馬は必要以上に食べません。人間自らがその数を増やしてしまい、地上の食物を食い散らかした時、世界中の食糧はなくなります。

食糧の問題も人間自らの行為によって、生態系を破壊しているのではないでしょうか。これは、調和している状態でしょうか？　とてもそのようには見えません。生態系の破壊は、環境破壊だけではないのです。


人間が調和している状態とは、肉体を持ちながらも、内面は霊的なエネルギーに満たされていることを指しています。


人間初のアダムとイブは、当初霊的な食べものをいただいていました。

残念ながら、蛇にそそのかされて、イブがアダムにリンゴを食べさせたことから、人類は地上の食べものを、あら探しするようになったのです。

イエス・キリストが、次のように警告しています。
『「間もなく肉体を養う地上の食糧は無くなるであろう。だから、霊的パンを食せよ」と。また、聖書にもある通り、「僅かなパン屑と数匹の魚から五千人に食事を用意した時、人々は奇跡が起こったと言った」
「しかし、私が本当に与えたかったのは『霊的パン＝生命のパン』だったのである』と。

愛は神そのものですので、それゆえ愛はあらゆるもののうち、最大のものでなければなりません。愛は、最大の力なのです。だから通常の愛とは区別して強調したい時は、「大愛」と書くこともあります。

大自然は、大愛そのものを宿して成立しています。大自然そのものは、すべてが神を宿し、大愛を宿し、すべての被造物相互の関係を調和させて成り立っています。私たちが旅行に出掛けて、大自然を満喫して癒される感じがするのは、他ならぬ神を満喫することになっているからです。

こうして見てくると、私たち人類は、一人の例外もなく**「神の息子であり息女《むすめ》」**でありまず。「母なる大地、天の父」による大愛によって生かされている人類は、皆等しく平等であり、お互いが兄弟姉妹ではないでしょうか。

沖縄には「いちゃりば、ちょうでぃ～（出会えば、皆、兄弟）」という言葉がありまず。沖縄の人々の人懐こさが、霊的に根差していることを感じたひとことです。

人種・民族・皮膚の色などは、表面上の違いでしかありません。

この霊的な根本に気づいた生命体（魂）は、自らの胸の裡《うち》に愛と平安と安らぎが宿っていることを見出すでしょう。そうすれば、精神世界をうろうろすることも無くなるのではないでしょうか。

神への理解が皆様に広がり、多くの人々が平安に暮らせる日は近づいています。

基本の法則という地図と、意識の持ち方というコンパスを常に携帯し、あなたが自らの波動を高めることを願ってやみません。

第3章　神の心と人間の心

一．心とは何か

◉本心とは何か

人間は肉眼で心を見ることができないので、心はつかみ所が無いと思っています。しかし、心は「言葉・イントネーション・表情・態度など」で、感じることができます。では、「心とはいったい何」でしょうか。

結論：心とは人間に宿る自我のことです。
本心とは人間に宿る「神の心（神我）」のことです。

人間に宿っている神は、生命エネルギーそのもので肉体を動かします。そのエネルギーによって心も動かします。神が人間という形に宿って生命を表現し、愛のエネルギーを発動させています。

愛とは、陰陽の法則と因果の法則の交点で人間が肉体という形を取った時に宿るエネルギーです（第2章参照）。そのエネルギーが神の心なのです。

これを神の心、すなわち**「神我」**と呼びます。真実の我と書いて**「真我」**とも書きます。それに対して、人間が肉体の人間を意識している時の心を「自我」と呼びます。

やがて死を迎えて生命が肉体から離脱すると、自我の部分は消えてしまいます。肉体保護のために神我につけられていたのが自我だからです。

神我は死後も永続しますが、自我は消滅します。自我に属するものは「勉強によって得られた知識や仕事で覚えた技能」あるいは「炊事洗濯などの生活をしている時の習慣」なども含まれます。日常のあらゆることが消えていきます。

神我（真我）しか残らないのです。生きている間、神や真理に関する事柄は、神我に蓄積されます。人を愛することや憎むことはカルマ（業《ごう》）として蓄積されます。

その神我に何をどれだけ蓄え記録するかは、個人の自由意思に任されています。

例えば、人生を神のご意思に従って生きるか。

あるいは、この世の地位・名誉・財産などに価値を認めて生きるか。

その選択によって、神我の波動（周波数）が高くもなり、低くもなります。このこの世のことに夢中であれば、波動は低くなります。神に意識を向ければ、そしてそれを実践すれば、波動は高まります。神に近づきます。

ですから、人生の目標を神や真理に設定することは、非常に重要で意味があります。

あなたも含めて多くの方々は、人間もいて、神もいると思っています。

残念ながら人間は実在しません。人間は非実在（仮の姿）ですから、神から見れば、人間は非実在となります。

言い換えれば「人間は存在で、神は実在」ということです。

実在する神の心こそが、実在する本心＝神我ということです。

その本心は、人間一人ひとりにも、そのまま宿っています。

つまり、神の心は全体（全宇宙）でありながらも、人間一人ひとりにも個別化して宿っているのです。これは事実です。「あなたにも神が宿っている」のです。

神の心は、エネルギーでもありますから、あなたの生命活動のエネルギーの源泉になっています。

その具体的な例が「心臓の鼓動」でしょう。呼吸は自我でコントロールできます。

でも、心臓を動かすエネルギーは、一般の人にはコントロールできません。

あなたが好むと好まざるとにかかわらず、神の心が個別化して万人に宿っている証拠が「心臓の鼓動」です。

人間として育てられ、成長すると、通常は神の心に気づくことができません。

では、神の心とは、どういう性質なのでしょうか?

ズバリ、「神の心の性質は**『平安であり、調和であり、悉皆《しっかい》(全宇宙のあらゆるもの)を生かす愛』**そのもの」であります。目には見えません。

今はまだ、姿を現していない生物や、大天使をも生かし続ける全宇宙の無限の愛が、神の性質です。あらゆるものに宿っているのが、神の心です。

「神が愛であり、愛が神である」という聖句の通りです。

私たちに個別化した神我であっても、神の本性(無限・愛)は失われません。

あなたが見えない世界を見ている時、あなたは神の心に意識が集中している状態だと確信してください。次の瞬間、あなたが人間だな、と思った時、瞬時に「自我」に戻ります。自我状態に戻ってしまいます。

その切り替えを素早くして、神を想い続ける時間を長くすることができます。すると、神の心、すなわち「神我状態」にいることができるようになります。

「イエス・キリストも心の切り替えが非常に早い方だった」というのです。ブッダも同じです。禅の問答でも、人間の質問を理解する時は人間意識です。しかし、答える瞬間は既に神我意識で答えていると言います。神仏に関する答えは、見えない世界にしかありません。その見えない世界の事柄は、神我意識でなければ答えられないからです。

イエス・キリストもブッダも、人間を相手に、神性や仏性を説きながら、自らは神我状態で、心の絶対平安の状態を維持していたのです。

に与えられたのが「自我」です。ですから、人間の心の中には、神我と自我が宿っています。

◉本心と偽心の識別

その神我を宿して、人間という形を取って生まれてきた時、肉体の安全を守るためさて、日常生活を送る時、**『自分は神我状態か自我状態か』を見極めることが必要**になります。

精神世界のコンパスでは、自分が何を意識しているかで、見える世界を見ているか、見えない世界を見ているかが決まるとお伝えしました。ですから、自分が見えない世界＝霊界を意識している時は「神我状態」です。

この神我と自我の関係についても触れておきます。

「自我が活発な時、神我は沈黙を守ります。自我が沈黙した時、神我は活発になります」この関係は重要です。神我を活発にさせるには、自我が沈黙していなければなりません。あなたが自分の自我を沈黙させた時、神我は初めて発動するのです。

自説を曲げず、ぺらぺらおしゃべりをしている時は、神我が自我に沈黙させられている時です。神我を発動させるには自我が沈黙していなければなりません。神我が発動している時、あなたのおしゃべりは止まります。

常に神我状態にある聖者方は、沈黙を守ります。これが「聖者は沈黙を守る」という諺になります。まさに「沈黙は金、おしゃべりは銀」です。

実在の世界の神我は、本当にある心ですから「本心」とも言います。

見える世界を意識している時は「自我状態」です。

見える世界では、人間に心が宿っているということが、常識になっています。では、その心とは、そうです「自我」ですね。

自我状態で「私は悟っている」と言う人が多くいます。それは、偽りではないでしょうか。偽りの我と書いて「偽我」とも言います。自我状態とは、本当は無い心・嘘の心ですから「偽心」となります。悟ってもいない人間意識のままなのに、「私は悟っている」ということは、偽りなのです。

自我・偽我は人間のもの。
神我は神のもの、となりますね。

この「神我」と「自我・偽我」をまずはっきりと理解し識別しておきましょう。本心と偽心の識別は容易にできることでしょう。

日常会話でも、「先ほどは言わなかったけど、本当は○○なのよ」などと言います。その会話自体実在しない世界の話なので、いくら「本当はね」と言ったところで、本心ではないのです。だから、人間同士の話は、時間が経つと変化して、もめごとの種になるのです。

本当のことを言うのなら「天地神明に誓って……」という枕詞を言えるくらいの覚悟がなければなりません。そういう覚悟で発言するなら、言葉の内容に神我の一貫性が出てきますので、信用されることになります。

「本心」と「偽心」の識別を図解してみましょう（図3—1）。

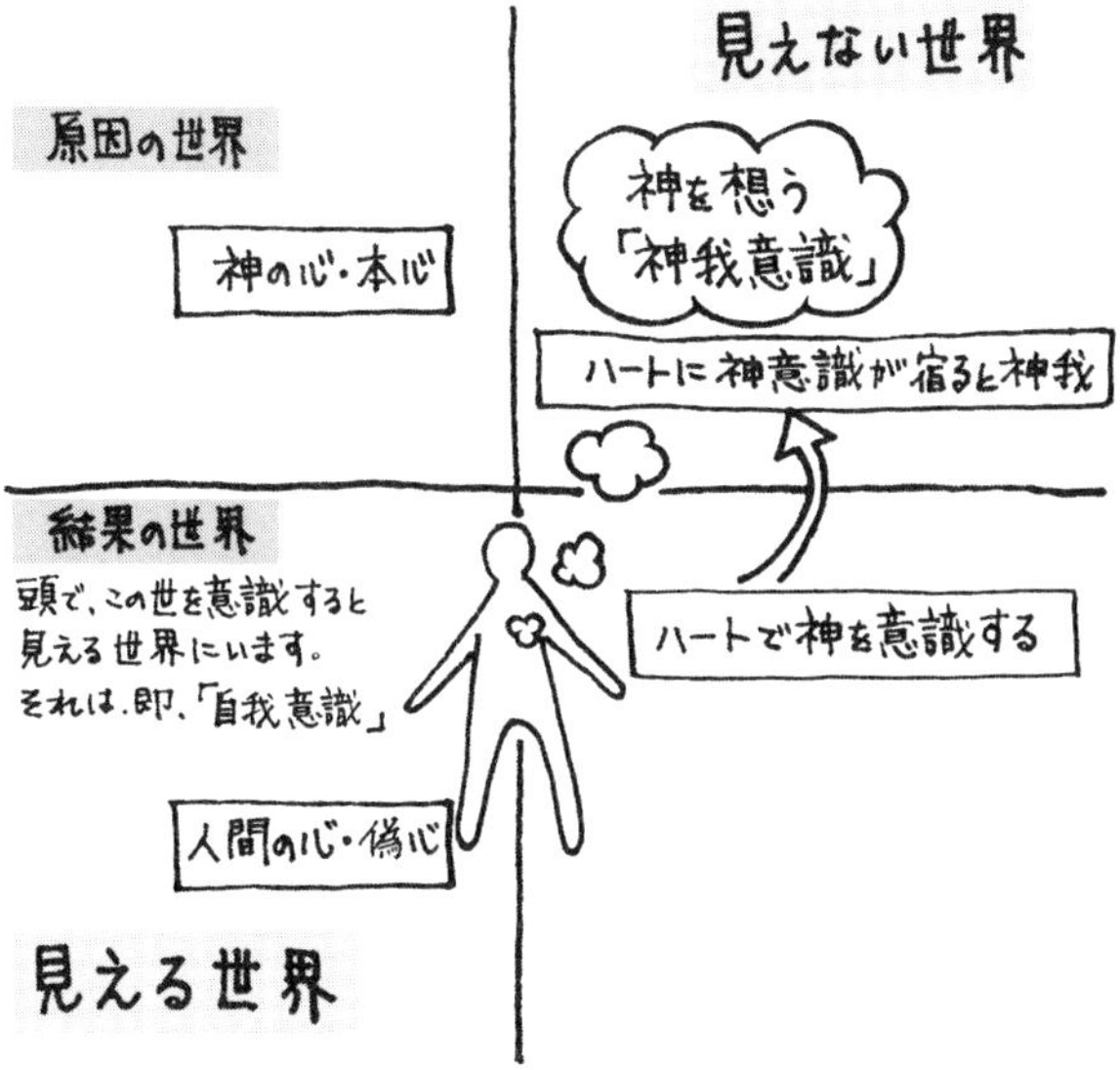

（図3—1）

◉心の広い人

あの人は心が広いとか狭いという表現があります。

物事を依頼したりされたり、多くのやり取りが日常生活の中では行われています。

自分の期待することを相手に依頼して、その通りのことが叶ったとします。すると、相手に対してお礼を言います。

その時、依頼したことが難しければ難しいほど、「心の広い方ですね」と言いませんか？

でも、神の心に比べれば何と狭いことか。

神のご本性は「愛」であると同時に「無限」でもあります。

人間意識のまま、お互い同士がやり取りすることは、仮相の世界のやり取りですから、肉体を失うと、そのやり取りをした自我の心も消えてしまいます。

しかし、神我には見える世界で体験した**「愛や無限に関する記録」**は、波動としてエネルギー的に記録されています。そして、見えない世界（幽界・霊界）に引き継がれていきます。

大震災や大災害に見舞われた方々への見舞いの品の贈呈やボランティア活動も、広い心で行われています。愛であり慈悲の心で行われています。物質的な援助も、それなりに大事なことです。援助する人も援助される人も、同じ神を宿しているから、困っている人を助けることは、神も仏も助けることになります。

「助けると決意できる」ということは、心が広くなければ決心できません。

一方助けられる側は、「すまない」と「感謝」の感情が入り乱れます。ということは、助けられて嬉しい反面、負い目を感じることになります。援助物資やボランティア活動に使われる心のエネルギーは、助ける側のエネルギーが、助けられる側のエネルギーを上回っています。

ですから、心が広いということは、心の持っているエネルギーが高いということです。

心のエネルギーは見えませんが、「潜在エネルギー」が高いと言います。心のエネルギーの高いことが「心が広い」ことの特徴です。科学用語では「ポテンシャルが高い」とも言います。

エネルギーが高いということは、意識が活性化していますから、行動力にも影響を及ぼし、ボランティアとして活動できるのです。しかし、この世でいくらボランティアをしても、神意識でボランティア活動に励まなければ、真実の意味で広い心で助けたことにはなりません。

助けるにしても、見える世界の援助と、見えない世界の援助があります。できることなら、**「見えない世界の援助」ができる心の状態でいることが、本書の目的でもあります。**

見える世界の物質的な援助は限界が来ます。援助物資が無くなれば、援助は終わります。仮設住宅も永遠に借りることはできません。仮設ですから期限があります。見えるものには始まりがあり、終わりがあります。禅問答にも「形あるものはすべて滅す」や「一切無常」という有名な言葉があります。

無常という言葉が出てきましたので、少し触れておきます。

無常とは、常に無いということです。その反対に神の世界は常にあります。見える世界が無くなっても、神の世界＝見えない世界は常在です。常にあ（在）るのです。

仏教の教えの中にも「世の無常」という言葉があります。この意味するところは、世の中＝見える世界は無常だということです。常に無いからです。

では、この世の無常に溺れたままであなたは満足できますか？

あなたは「常在意識ですか、無常の意識ですか？」どちらでしょう。

この答えも、ご自分で出してみてください。

神の心は与え切りです。見返りを求めません。
神の心は愛です。優しさです。温かさです。神は無限です。

この神に触れていただき、神が理解できた人は、内面に力が湧いてきますので、自分で再起していこうと決意できるようになります。これが、自立するきっかけになるのです。物質をいくら援助しても、心が自立しようと決めていないと、物質的な援助が続かなくなった時、落胆させてしまうことになります。

いたわりの言葉を投げ掛ける時、本心や心の広さの背景について知っていて語る言葉には、力があり、優しさがこもります。エネルギーが高いからです。神意識に近づいた心は意識の高いエネルギー＝広い心を宿しているということになります。

「神の心でボランティアに来ました」と宣言することではありません。自らの言葉・行動が、本心から出てきたかどうかが大事なのです。そして、被災された方が、自立することは、きっかけが「神我が内在する」「生命が私を生かしている」という自覚を持っていただくことです。

本心を理解すると、そういう真実の援助ができるようになります。

二・心・魂・精神・愛・神

◉人間の精神構造

ではここで、人間の内面を表す言葉の整理をしておきましょう。

心とは何かという言葉を取り上げました。

これ以降、本書では、便宜的に次のように区別して、混乱を避けたいと思います。

心：この世に生きている「表面的な人の心」で、自我意識を指します。

魂：「人の心」の深層意識を含めて、その人に宿っている生命の記憶も含みます。前世の体験を含むと考えても良いです。

精神：「心」と「魂」に加えて、この世で体験した波動の高さを含めて使います。精神性が高い、というような使い方をします。

霊魂：見えない世界に還った人の魂を指します。

神の心：創造主の心として「神の御心」とも書くことがあります。繰り返しますが、神の本性は「無限であり大愛・光・智慧・力」です。

これらを踏まえて、もう一度、見える世界、見えない世界の構造を整理してみましょう。

人間は人間として生まれて以来、人間を親として育ちます。インドに伝わるオオカミに育てられた少年は、人間の形でありながら、手足を使って地を素早く走ることができたということです。生肉を食して、オオカミと同じ生活をしていたということです。

つまり、人間ですら人間の親に育てられて、初めて人間になるのです。ということは、親が神の御心で子育てをしたら、その子は神の御心を持った子になるでしょう。

それはさておき、人間は人間社会の中で育ちます。社会の荒波にもまれて生活する中で、心が涵養《かんよう》されて丸くなり、善悪の判断ができるようになります。

その中で、ふと自分の身の上を振り返ると気づくことがあります。

人生の中で起きる艱難辛苦の原因は何か？　悩みが生じるのはなぜか？　人を愛して、あるいは憎悪して、苦しむことさえあります。その間に蓄積されていく心の変化と、外からもたらされる情報量が、自我では受け止めきれない量に達してしまいます。

自我の心が満タンになった時、自我では処理しきれず人は悩みます。

何かに頼ろうとします。

それが、見えない世界に意識を向けるきっかけになります。

その時、神を知らないと、心を扱う医療機関に行くことになります。自分の裡《うち》に内在する神我があることを知っている人と知らない人では、問題の解決の仕方が異なります。

ところで、社会の中で生き抜くには、行動を制御することが心の発達した状態だと言われています。人間同士のやり取りで、喜怒哀楽の感情が沸き起こると、本能や自我を抑える働きが内面で起こります。無理にこらえると、表情に出て、心のうちが相手や周囲の人に伝わります。

心と行動は一体の関係です。心が命令した通りに肉体は行動します。

あなたの心は右に行きたいのに、肉体が勝手に左に行ったということがありますか？　今までに、そういう経験があるでしょうか？

口では、「心にも無いことを言う」ことがあっても、行動では嘘がつけません。自我は嘘がつけます。でも何気ない行動には嘘がつけません。心は肉体の主《あるじ》だと言えます。

社会規範から言えば、社会に適応した行動を取れることが成長していることの証しだと言われますが、そのように社会に適応しようとしている、あるいは適応できる時は、心のエネルギーが高い時です。辛い仕事や、家庭内の問題によって、心のエネルギーが低くなってしまうと、行動力が落ちて、ひどい場合は「うつ状態」になってしまいます。

でも、回復する方法があります。

人間は自我と共に内部に生命を持っていますので、心がエネルギーを失いそうになったら、生命に意識を向けて自己回復することができるのです。

これこそが、皆様にお伝えしたい**神の御心の具体的な活用法**です。

心を癒すための方法は、沢山紹介されています。
本書では、いとも簡単に、解決する方法を後ほど詳しくご案内します。

◉何を意識しているかで、世界の居場所が変わる

皆さんは、「自分」という時、通常は肉体人間を自分だと思っています。生まれてこの方、「あなたは神ですよ」と教えられたことはありません。ですから、無意識に、自分は肉体人間だと思っています。

また、一人称で「自分」あるいは「私」と言う時は、「肉体を持った自分」という意味で「自分・私」と言います。

見えない世界を意識する時、自分という言葉は「肉体の自分ではなく」、生命そのものを自分だと意識している必要があります。

人間の肉体を持ちながらでも、意識を見えない世界に向ければ、即、神意識なのです。その心の切り替えの素早さは、前節でも触れた通りです。

神は、肉眼では見えませんが、実在です。

人間は、肉眼で見えるし手で触れることもできますが、非実在です。常には無いからです。無常だからです。人間の肉体には寿命があります。生命は肉体から離れると永遠が待っています。この違いは、肉体を持っている間は理解が難しいかもしれませんね。

では、ここで一つお尋ねします。

「本来の関係を築くべきなのは、人間との関係でしょうか、神との関係でしょうか？」

大事なことは何ですか？

それには、心の使い方が神我なのか偽我なのかが、わかっていることが条件です。

神我を意識している時は、神との関係が結ばれている時です。

偽我を意識している時は、人間との関係です。

自分が「今、何を意識しているか」は、ご自身が一番よくご存知です。その心がより深く自分の裡《うち》側を探す時「魂」を感じます。魂とは、皆さんの個性を際立たせる性質があります。

論理性よりも感性に働き掛ける力が強いのが、魂の特徴でもあります。

芸術家が、言葉にはできないものを、音楽・絵画・彫刻・グラフィック・写真などに託して表現します。その表現されたものを見て、「芸術は爆発だ！」という有名な言葉を遺したのが、故岡本太郎氏です。氏は、魂が芸術を表現したということを言いたかったのかもしれません。

人間の個性を際立たせる要因の一つとして、各自の胸の裡《うち》で活動しているのは、魂なのです。

精神は、魂のさらに純化された本質的な波動のことです。

この世に肉体を持って生まれてきたということは、前世で悟っていたからでしょうか？　悟っていなかったからでしょうか？　悟っていたら、この世には来ていないはずです。

前世の行いや価値観が影響しているのが精神性です。物質より、見えないものに興味を持つ人は、精神性が高いということも言えると思います。翻って、この世で肉体を持ちながら神に帰依するには、「神の心に近づこうとする」努力そのものだけが必要と言えます。

三．作用反作用の法則

●押せば押される「おしくらまんじゅう」

では、神の心がある程度把握できたとして、その心の現実への影響を見てみましょう。

初対面の人と出会って、すぐに「相性が良さそう」「何か違和感がある」という感情が湧いてきますね。これは、自我で判断しているからです。

ところが、違和感があっても、話しているうちに打ち解けてしまうと、仲良くなります。違和感は無くなります。「打ち解ける」ということが、違和感を消しているのです。打ち解けるとは、お互いの神我が感応して、自我を超えた状態に至っていることを言います。つまり、神我同士ですから、お互いが無意識のうちに認め合っている状態なのです。

ところが、いつまで経っても打ち解けない場合は、お互いに自我の主張が強く、神我まで到達できないのです。

一般的に言われていることがあります。

「自分が相手に好意を持つと、相手も自分に好意を持つ」これは、神我と自我の関係から見えてきます。

子供のころ「おしくらまんじゅう」という遊びをしたことはありませんか？　秋が過ぎて寒くなると、学校の校庭で腕を組み合って背中合わせに輪を作ります。その輪の中に数人が入り、背中で押し合うのです。文字通り、押せば押される、その繰り返しで、数分もすれば汗をかくくらい温まります。

同様に、人間関係の底流にある好き嫌いは、この「おしくらまんじゅう」のような心の作用なのです。

でも、神我意識になれば、お互いが同じ神を宿しているという安心感・連帯感が生まれますので、精神的な「おしくらまんじゅう」をする必要が無くなるのです。

では、あなたが初めから神我意識で初対面の人に会うことができたら、とてもスムーズに人間関係が構築できると思いませんか。一般的には「包み込むような気持ちを持て」とか「相手を敬う気持ちで」というように教えています。でも、神我状態でないものが、いくら相手に対して包み込もうが、敬おうが、本心ではありませんので、上手くいかないのです。

神我意識でいることの大切さが、一端でもわかっていただけるでしょうか。
自我で構える必要は、一切無いのです。

◉愛を表現すれば、愛を表現される

初対面でなくても、家庭や職場で反りが合わない人がいることもあると思います。その場合も、「おしくらまんじゅう」の通り、自我と自我がぶつかっている状態です。

初対面と違い、顔見知りでも、日常のやり取りがスムーズにいきません。それでも、押さなければ、押し返されません。混雑した電車の中で、無理やり乗ろうとすると、押し返されることもありますね。

顔見知りには、押さないことです。

万一、押されることがあっても、押し返さないことです。それが神の世界の教えです。神の心を使えということです。

神の心を使うとは、その性質、「神の無限の愛」を心に定着させることです。

あなたが愛を表現すれば、相手も愛を表現するようになります。

勘の鋭い人もいれば鈍い人もいますので、改善には時間が必要な場合もあります。しかし、あなたが愛を表現し続ければ、相手の態度にも変化が表れ始めます。

組織の管理職なら、出来の良い部下ばかりを褒めても上手くいきません。たとえどのような部下に対しても平等に愛を表現できるなら、すべての部下が信頼してくれます。リーダーシップの勉強をして、セミナーを受講しても、リーダーシップの備わったリーダーは生まれません。

なぜでしょうか?

リーダーはチームの中のメンバーです。リーダーはリーダーである前にメンバーです。従ってメンバーシップが無い人がリーダーシップは取れません。そのメンバーシップこそ神我そのものです。通常、神我は潜在していますので気づきませんが、メンバー一人ひとりに向き合う時、神我に根差してコミュニケーションできているかどうかは、相手にも伝わります。

それを図にしたのが次の図です(図3―2)。

神我を使ってやり取りができるリーダーは慕われます。自我でリーダー風を吹かしているリーダーは、リーダーシップが発揮できません。メンバーから見れば、リーダーは平等観に溢れていることが理想像だと思います。

「愛を表現すれば、愛を表現してもらえる」これが神の法則です。

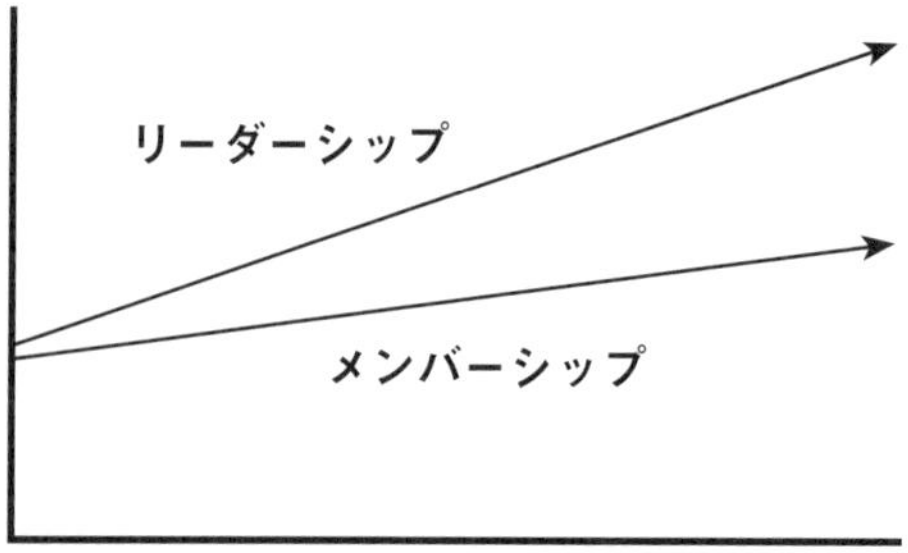

（図3―2）

縦軸が人間の心の成長度合です。
横軸は時間です。
下の線はメンバーシップの成長
上の線がリーダーシップの成長
リーダーはメンバーシップの上にリーダーシップが上乗せされることを知る必要があります。

四．天上界の意思と人間の自我

◉神を愛すれば、神に愛される

神の心は、私たち一人ひとりの中にも宿っています。ただ、そのことに気づいていないし、教えられてもいません。それには理由があります。

今までこの教えは秘密にされていました。それは物質的繁栄が必要な時代にはそぐわない内容だからです。秘密の教えという意味で密教とも言われます。物質文明が行き詰まりを見せ始めた今、この教えが必要となる必然性があります。

日常生活をしていながら、神の心に近づく努力はどなたにもできます。

筆者自身、人の子として生まれ、サラリーマンとしても仕事をこなしてきました。組織人として人間関係の問題や、個人の心の問題にも専門的に取り組みました。組織開発にも携わりましたが、「人間とは何か」というテーマの最終結論には至りませんでした。その時、聖者方から神の手ほどきを受けました。神の世界から人間を理解すれば、大変わかりやすかったのです。手ほどきを受けるには、一つ大きな条件がありました。

「自分は、神か人間か、自問自答して答えを出してから来てください」と聖者方から言われました。さらに続けて『心を尽くし、魂を尽くし、精神を尽くして、汝の裡《うち》なる神を愛せよ』という言葉です。自我を粉砕するような強い意思と力が溢れていました。

初めて聞いた時は大変厳しい言葉に、しばらくは立つこともできませんでした。それからというもの、自分の行動・言葉・心の動きを、日常生活を送りながらチェックしていきました。その答えを、確信を持って言えるようになるのに数カ月を要しました。

そしてついに、会社を辞めて神に従う決心がついたのです。

決心がついて、聖者方をお訪ねしました。労《ねぎら》いの言葉をいただけるのかと思ったら、その決心を忘れぬようにという注意だけでした。
実在の世界から見れば、ごく当たり前のことだったのです。ただ、「あなたが神に一歩近づけば、神はあなたに百歩近づく」と言われたことが、今も財産です。同じことを、皆さんにもお伝えしたいと思います。

『心を尽くし、魂を尽くし、精神を尽くして、汝の裡《うち》なる神を愛せよ』
『あなたが神に一歩近づけば、神はあなたに百歩近づく』

これが、人間を天上界へ還そうという神の大計画のキーワードになります。
すなわち、「人間を天上界に還す」これこそが天上界のご意思なのです。

◉「私を愛して」は、押しつけの愛

あなたがどなたかに恋をしたとしましょう。

例えば、好きな人に出会い、恋心を抱く時、胸を押さえませんか？

素敵な人ね、と思った時、まさか頭の上に手を伸ばしますか？　ほとんどの人は自分の胸の前で手を合わせたり、組んだりするのではないでしょうか。とくに一目惚れして、胸にキュンと来たら、胸に両手を合わせて当てる仕草をします。胸には心があります。だから恋心と言います。

心臓がいつもより速く鼓動します。理由はわからないけれども、胸がドキドキします。理性ではコントロールできません。恋には考えはありません。自我ではどうしようもない状態。これを「恋に落ちる」と言います。

しかし、失恋すると悩みが出てきます。頭を抱えませんか？

恋したことに、失敗したと考えます。失恋は心を失いますから考えます。考えるのは「脳」ですね。だから頭を抱えてしまうのです。

なぜなら、頭に浮かぶのは「考え」であって、心ではありません。

人間に宿っている心は、各自の胸の裡《うち》にしかありません。頭に心がありますか？
恋愛が理屈では理解できない最大の証拠です。

好きと感じるのは「胸」、神を観《かん》じるのも「胸」です。

では、神はあなたの胸に、宿っているのではないですか？
『心を尽くし、魂を尽くし、精神を尽くして、汝の裡《うち》なる神を愛せよ』とは、胸の裡《うち》で神を愛することなのです。あなたが神を愛すれば愛するほど『あなたが神に一歩近づけば、神はあなたに百歩近づく』ということが、現実になるのです。

人間同士の愛の表現も同じです。

自分の胸の裡《うち》で、『心を尽くし、魂を尽くし、精神を尽くして、相手の裡《うち》なる神を愛する』なら、相手も同じように好意を持ってくれます。人間同士は、元々同じ神を宿しているので、好意は必ず伝わります。

「私を愛してちょうだい」という言葉は「自我意識」から出た言葉だとわかる人は、この本の理解が進んだ人とも言えます。

その言葉通りでなくても、似たような言葉を思っていませんか?

神に、「私を愛してちょうだい」と言っていませんか?

神に「愛をください」とおねだりしていませんか?

その前に『心を尽くし、魂を尽くし、精神を尽くして、汝の裡《うち》なる神を愛せよ』という言葉を、実践していることが重要であると指摘しておきます。

五．心の波形で判る人の波動

◉信頼できる人、信頼できない人

日常生活で信頼できる人はどういう人でしょうか。

言行が一致している人。常に同じ落ち着いた態度で接してくれる人。真実を話してくれる人。いろいろな信頼の基準があると思います。

ここでお伝えする「信頼できる人」というのは、神の波動を出せる人ということです。神の波動を出せるとは、あえて言えば「常に心が安定していて、言行が一致して、真実を語ることができる」ということです。

なぜ「あえて」と言うかと言うと、本来、神性は無限でありますから、言葉で「こうである、ああである」などと限定してはならないからです。無限を言葉で表現できるなら、それは有限になります。

話を本題に戻しましょう。神の波動を出せる人の心を、一例として図に描いてみます。

心が安定している人は、感情の起伏が少ない人とも言えます。子供のころ、何かが不満で泣いたりします。私も「今泣いたカラスがもう笑った」などと、小さいころに親から冷やかされたものです。自我が未熟な幼児期には、感情の起伏が激しいのです。

次の図で、ご機嫌な時を「陽」、ご機嫌斜めの時を「陰」として例えてみましょう（図３—３）。

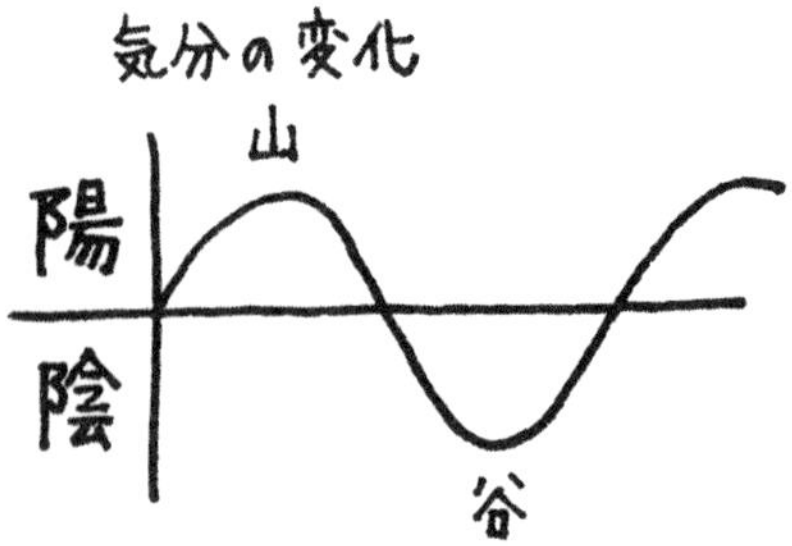

（図３—３）：感情の起伏

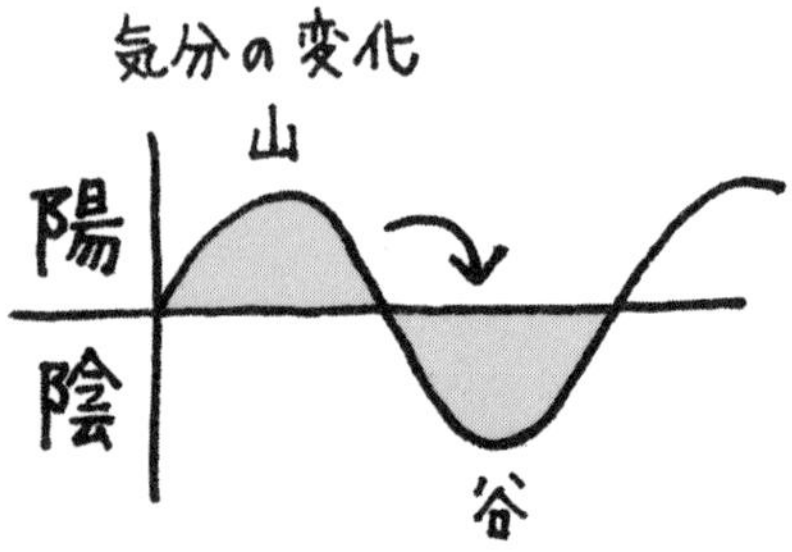

（図３—４）：山を削り、谷を埋めよ

普通に生活している

と、気分の良い時もあれば、憂うつな時もあることでしょう。それを表したのが図3―3です。電気の交流波形です。

聖書にもイエス・キリストの教えとして「山を削り、谷を埋めよ」とあります。それを表したのが図3―4です。

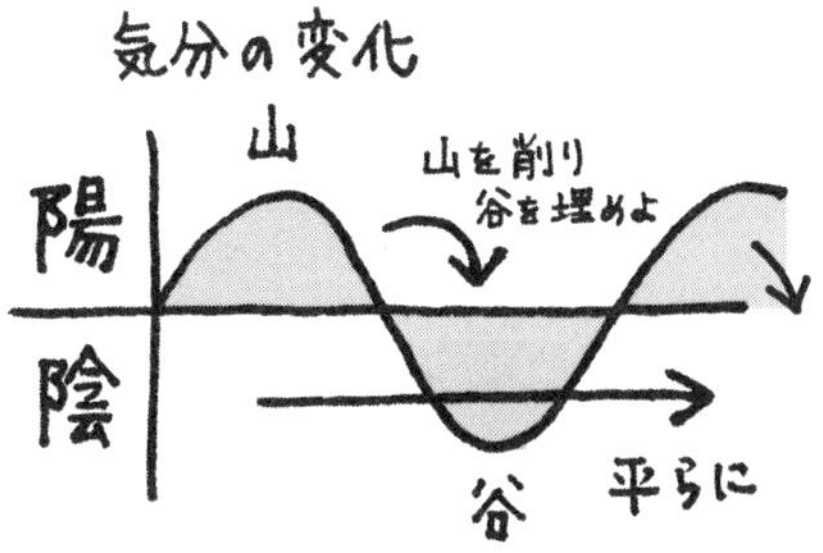

（図3―5）：心が平らになる

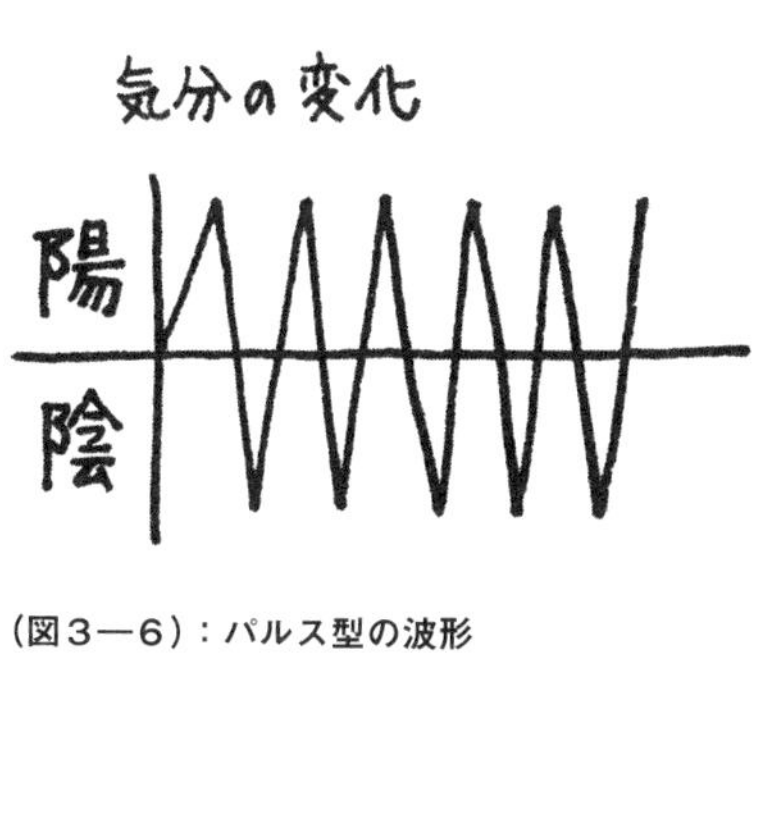

（図3―6）：パルス型の波形

するとどうなるかと言いますと、図3―5のように感情の起伏が無くなりますので、心が平静な状態に維持されるのです。電気の直流波形です。

感情の起伏が激しい人は、図3―6の波形に示したように、短時間で気分の良い悪いが現れる人です。これを「パルス波形」と呼びます。周囲の人も、オッカナビックリ、あまり関わりたくない人の心の波形です。パルス波形は、電気で鋼鉄を溶断溶接する時の電気の波形にも使われる非常に破壊力の強い波形です。

焦げついた鍋の底をこする時も、手の動きがこのように激しく動きますね。従って、心にパルス波形を持っている人は、周囲の人やものを破壊します。修復不可能な人間関係を生じやすい人は、このパルス型の波形を疑ってみることです。

しかし、神の波形は全くの水平な平安な心、穏やかな心、すなわち直流波形が本性なのです。

心が常に安定している人は、周囲から歓迎され、相談を受けることも多くなります。従って、信用も増していきますので、商売も人間関係も良くなります。反対に、心の波形も気にせず、野放しにしていると、世間からは疎まれます。波立ちますから、人生の荒波にもまれる結果となります。

日々の生活を振り返る時、自分は、直流か交流か、この心の波形を是非思い出してください。神の心を思い出す時にも、必ずお役に立つと思います。

◉あらためて「意識とは何か」

前項で、心の波形がおわかりいただけたと思いますので、もう一度意識との関係を整理しておきましょう。

心の交流波形は、自我意識の波形です。その自我意識をそのまま放置していたのでは、心は進歩しません。平らになりません。心が進歩するという意味は、心が円熟して丸みを帯びていくと言っても良いでしょう。

日常生活でも、穏やかな人に出会うと、心が熟しているように感じます。また、魂が熟しているようにも感じます。このように周囲の人たちを見ていると、それぞれに心の熟し方が異なっています。

すべての人がそうとは申しませんが、多くは、いろいろな人生経験を積んで、心が丸みを帯びていくと思います。

若い時は、人に突っかかっていく人だったのに、何年か経って再会すると変わった印象を受ける人がいます。その時、さらにとげとげしている場合より、丸みを帯びている人が多いのではないでしょうか。心の波形が水平に近づいていると思います。

時間をかけて心を円熟させるより、意識を神に向けていれば、その影響は心をも支配していますので、すぐに円熟した状態になります。

自然環境の中に旅をし、花を見て、鳥を見て、月を眺めたりすることも、円熟の手助けになります。

そんな時間と労力を掛けなくても、あなたが「意識を神に向けるだけ」で心は円熟していきます。心が丸くなっていきます。心の深層にある魂まで熟していきます。心の深層にある前世の記憶すら浄化されて丸くなっていきます。

それ程、神の意識の及ぼす力は強いのです。

神の力を使えるように、心の向け方・心の波形をコントロールできるのは、あなたご自身しかいないのです。

◉在家と出家（神に仕えるには身分にとらわれる必要はない）

心の向け方をコントロールするには修行をしなければならない、と思っていませんか？

修行をすると言うと「出家」する必要があるのではないかと思う人がほとんどです。そうではなく「在家」のままで十分なのです。出家の必要はありません。日常の生活を送りながら、心の向け方をコントロールできます。筆者がそれを実践して、確信を得ているから申し上げているのです。

毎日の生活が、神のエネルギーの中で行われています。

神がすべてを創り、すべてに神が宿っています。
その神のエネルギー＝愛のエネルギーを宿して、日々の生活を過ごしています。

残念ながら、それを意識しないで生活している人が99・999％でしょう。しかし、神を否定して生きている人は、自我が活発なだけです。自我を黙らせるには、出家したとしても難しいのです。聖職者ですら過ちを犯してニュースになる時代です。
山の中にこもって修行をしたとしても、都会の生活の心のまま修行をしていたら、神に近づくことはないでしょう。

神に近づくには、たった一つです。
「神の心を理解し、かつ、受け容れる能力」が必要なだけです。

自分に内在する神我が、毎日の生活に現れている（反映されている）と思う方が、はるかに聖職者らしい意識です。

つまり「神に生かされて、生きている」と自覚することです。**生かされているという意識を持つことです**。そこには、神に対して感謝する、という心が芽生えてきます。自我が神を理解し信ずるようになります。

神仏に帰依するには、聖職者の資格や僧籍を得なければならないというのは、思い込みではないでしょうか。在家のままで、十分、神仏に仕えることができるのです。

日常の生活を捨ててまで、自分を追い込むことはないと思います。

現に、神のことを科学的に理解できる時代背景が十分に揃っています。ノーベル賞をはじめとする多くの科学的な知見があります。イエス・キリストの時代には無かった多くの科学的な知見が人類に示されています。

これら科学的な知見を探し出し、発見・発明した科学者たちが、一様に口にするのは、表現こそ違え、およそ次のような言葉です。

「この宇宙の無限大から無限小に至るまで、神が創造したとしか思えない」神が遍満しているという意味です。宇宙の果てからナノの世界まで隙間なく神が満ち満ちているという指摘があります。であるならば、自分の心の向け方を自分自身で決めれば、神に帰依することは簡単なことではないでしょうか。

神がいるのだと無理やり自我に思い込ませるのでもなく、自我を緊張状態に縛りつけるのでもなく、通常の心の状態で十分です。

「神がいるのだ」という感情的な思い込みとも違います。神は理性をも超えています。理性や理屈を超えて神の支配する法則の中にあるのが、日常生活を含めて宇宙全体そのものだからです。

ここで、神我は宇宙に繋がっているかもしれない、という直感が出てきませんか。後に詳しくご説明いたします。

第4章　死は一つの通過点に過ぎない

一・死の恐怖は克服できる

◉どんなに実りの少ない人生でも、愛に満ちた生活を送ったものは、天国に迎えられる＝死を前にした私の母の喜び

第2章、第3章と読み進められてきて「人間は肉体的に死を迎えても、生命には終わりが無い」ことは、ご理解いただけたと思います。すなわち、生命を視点とすれば、「死とは、一つの通過点である」ということになります。

なぜ、一つの通過点かと申しますと、肉体の次に幽界、その次に霊界というバイブレーションの違う世界が連続しているからです。そのバイブレーションは肉体よりも幽界、幽界よりも霊界と次第に高くなっていきます。バイブレーションが高まるということは、肉体的意識がどんどん薄れて、神の意識（愛・智慧・力・光明思念）が強まっていくということです。

さらに霊界においても、イニシエーションという階層があります。そのイニシエー

ションの階層が上がることを霊性の進化と言い、霊的なバイブレーションの高まりは限りなく続いていくのです。ですから、皆さんが輪廻転生をしているうちは、霊界にも入っていません。従って、神のご意思から外れていることになります。

あなたは、自分の意に沿わないことが起きると「神に見放されている」と口にすることはありませんか？　ですが、これは正しい表現ではありません。皆さんは、神に見放されているのではなく、「あなたが神を見放している」のです。神を見放すとは、神に近づこうとしていないという意味です。

「神の助けが得られないと言っている方は、自分が神を見放していないかどうか？」、よくよく胸に手を当てて考えてみてください。

神を見放すということは生命を見放すということ。すなわち、あなたは肉体のレベルでは生きていても生命のレベルでは生きていません。「あなた方は、生きながらにして死んでいるのである」と言ったイエス・キリストの言葉を、今一度深く考えておきましょう。

もう一つ、イエス・キリストは「死人は死人にて葬らしめよ」という言葉も残しています。その真義は、「亡くなった人を葬るのは、生きながらにして死んでいるものにやらせなさい」ということです。葬儀を行う人や死人をさげすんでいるようにも聞こえますが、その言葉は現代の私たちにも同じ問い掛けをしているのです。

生命に視点を置いて生きることを理解している人は、この世はすべて仮相だと理解している人です。実相に生きている人です。従って、葬儀は単なる儀式であると理解しています。親しい方以外の葬儀には参列する必要もないのです。

最近葬儀は家族葬や密葬など、こじんまり行われる例が増えています。いろいろな理由が考えられます。超高齢社会を迎えて、「人の死」が常態化していきます。また参列する立場の人も高齢化していて移動が思うようにいきません。その他に、物質的な価値観から精神的な価値観に移行しているこの時代にあって、樹木葬・海上散骨、はては宇宙葬など葬儀が多様化しています。

このような時代の移り変わりの中、死生観が変化中であり、死者に対する鎮魂の意味が相対的に失われていることもあると思います。

父母の葬儀に際しても、私は家族葬で見送りました。参列する人が少ない分、来られた親戚の人々と、水入らずで生前の故人を偲ぶことができたと思っています。

その母が亡くなる半年前に、自宅に帰りたがっていることがわかりました。見舞いに施設を訪れるとベッドの上で起き上がろうとする仕草をします。自宅への未練があると感じ、聖者方から学んだことをゆっくりと母の耳元で囁きました。

「この世に生を受け、自らを愛し、周りの人たちに愛を注ぎ、愛に満ちて生きていた人は、必ず神に呼ばれて天国に入るのですよ」

この言葉を聞いた母は、能面のような表情が一変し、目から涙を流し、小さな嗚咽を漏らしたのです。まさに嬉し涙でした。

嫁いで以来、母は子育てに夢中でした。還暦を越えてからは旅行にも行かず、姑の介護や看取りをこなし、夫の看病に日々明け暮れていました。その母が大切にしていた「愛」ということを感じ取っていた私は、その愛の表現を、母にわかる言葉で表して最後の贈り物としたのです。

このことがあってから、母は落ち着きを取り戻しました。安心して眠る時間が徐々に長くなっていきました。ゴールデンウイークの初日、九十歳の生涯を終えて穏やかに旅立っていきました。

何を申し上げたいかと言うと、死後の世界を明確に示し、死後の世界に必要な心構えを伝えれば、私の母のように死の不安は無くなるということです。その時に、幽界でとどまるのではなく、霊界まで一気に行けることが達成できれば、神と一体化するというさらに良い結果となりましょう。

二．死んで終わりではない

◉矢作直樹医師（東大病院）の体験

二〇一一年九月に出版された一冊の本があります。

書籍名は『人は死なない』（バジリコ）。当時密かなブームになった本です。著者は矢作直樹医師。出版当時の肩書は「東京大学大学院医学系研究科・医学部救急医学分野教授、医学部附属病院救急部・集中治療部部長」でした。肩書きからして、一流の医学的知見をお持ちで、かつ集中治療が行える方だとわかります。そのご本人が自らの体験や多くの臨床例をもとに上梓された本が『人は死なない』です。

矢作氏は、お母様を亡くされた後、そのお姿を拝するという体験をされています。詳細は省きますが、要約すれば書名の通り「人は死なない」ということです。もっと詳しく言えば、肉体は滅んでも生命は死なない。現世を去っても生命としてその後の世界に生き続けているということです。

しかし、矢作医師の著書には、肉体的死を通過した後の世界は、詳しく書かれてはいません。本書では、肉体的死後の世界について述べていきます。

◉幽界にとどまってはならない

第2章でも述べましたように、死後の世界には、幽界・霊界という波動が異なる世界があります。再び神の計画を申し上げましょう。

神は鉱物・植物・動物・人間を創造しました。そして地が豊かになるように人間に「地上の天国」を創れと命じたのです。「天に満《み》てるが如く、地にも満《み》てよ」です。

そのために、神は、神と同じ大愛・智慧・力を人間に与えたのです。人間は姿形があるので、その姿形を保護するために自我をつけました。その自我が強まりはびこって、地上は現在乱れてしまいました。

そして神は、人間が神の世界＝霊界に戻って来るのを待っていたのですが、自我に溺れ、美酒美食美男美女に溺れて一向に天国に還って来ません。なので、ブッダやイエス・キリストを遣わして、天国に人間を帰還させようとしました。

その教えは、宗教となりました。

しかし宗教も現世利益の教えに傾き、神の計画の真意は消されてしまいました。

現代の私たち人類は、求めるものが物質的繁栄に傾きすぎています。人間が存在する真実の理由とその経緯について、認識を改める時期に来ています。なぜなら、「身体を養うパン（食糧）は間もなく、無くなる。地上のパンよりも霊的なパンを食せよ」とイエス・キリストが説いていることに確実に近づいているからです。

地球上の人口は増え続けています。人類を養うのに食糧生産高から計算すると、諸説ありますが、現在の七十億人という数は飽和しているようです。

また、黄道十二宮（天文学・占星術において、十二（星座）に等分割された太陽の通り道（黄道）、その暦）の霊的な周期に当たっているからです。ムー・レムリヤ・アトランティスなどの文明大陸が、周期的に次々に海中に没したように、現在の世界地図が未来永劫この形で続く保証はありません。

その時に、霊界に戻れない生命は、無の闇の中に焼き捨てられて消されてしまいます。幽界にとどまったままでは、あなたの意識は記録から消されて無くなるのです。人間も幽体も仮相だからです。記録に残るのは霊界以上の高波動だからです。霊界は実相界ですから、実際に在る＝実在しているのです。

◉輪廻してはならない

幽界にとどまってはならない理由がおわかりいただけたと思います。

それを別な観点から言えば「輪廻してはならない」ということになります。輪廻しない条件はただ一つ、霊界にまで意識を引き上げることでした。たとえどのような理由があろうとも、真剣に神の世界の入口＝霊界までは、自分で意識を上げなければなりません。

なぜなら、意識を上げることができるのは、自分の意思によるからです。前にも申し上げたように、他人が自分の意識を上げることはできません。誰かのセミナーを聞いただけで意識を上げることもできません。

ならば、どういう理由があっても、神に意識を集中させることが一番大事な仕事ではないでしょうか。

日常の仕事をやるな、と申しているのではありません。肉体を維持する日常の仕事は、神の表現媒体である肉体にとっては不可欠だからです。

「先ず、神の国とその儀とを求めよ」しかる後に「日常の仕事をするのである」と丁寧にイエス・キリストも教えています。仏教でも「作務」と言って日常の肉体を維持するのに必要な仕事は積極的にしなければなりません。

また、輪廻してはならないことも、イエス・キリストは「再び生まれてはならない」と教えています。

それ程に、創造の神は、人類が天国＝霊界にたどりつけるように熱望しているのです。その神は目には見えません。姿形が無いのが神です。

人類が神の世界に還ることを熱望していることは、今まで隠されてきました。秘密にされてきた教えですので、これを「密教」と言います。護摩木を火にくべて気合を入れて祈る密教とは意味が違います。

別言すれば人類から神が遠ざけられてきたのです。人類のお互いの中に、創造主はおられるのです。そうです、生命エネルギーとしてあなたの中に生き、動いています。

肉体は泥人形だと言われています。

肉体を構成するタンパク質は、炭素・水素・酸素・窒素などの化合物です。そこにカルシウムを主成分とする骨があります。炭素・水素・酸素・窒素などは常温の空気の中にもある気体です。カルシウムは土です。その他、多くの栄養素はミネラルと言って土の成分です。そこに水を混ぜて捏ね上げると形になります。それだけでは生きていません。

そこに神が息を吹き込まれたと聖書にあります。赤ちゃん誕生の時、産声を元気に上げることが、神が息を吹き込まれた瞬間なのです。

「生命のみが生きている」このことだけは覚えておいてください。

あなたが死んでから必ず役に立つはずです。

◉生前の母を見舞いに来た、父の姿に喜ぶ母

二〇〇九年一月末に、父が透析入院するようになりました。

当時八十四歳の母は、あいまいな記憶力で必死に父親の看病をしておりました。父の入院から一カ月半後の三月半ば、母が脳梗塞で倒れました。父親と同じ病院の隣同士の部屋に入院することになってしまいました。よほど仲が良かったのでしょう。

やがて母はリハビリも順調で、六月一日に退院することになりました。病院の紹介

によるグループホームに入所が決まり、退院の五日前に施設の責任者が、母の隣の病室にいた父に挨拶に来ました。

父たっての希望で、隣の病室の母のベッドを父の病室に入れてもらい、夫婦最後の対面を果たすことができました。通常は不可能なことだそうです。

父は安心し、満足そうでした。その二日後から意識が遠のき、母の退院した六月一日の翌二日に息を引き取りました。心電図が水平になり、ピーという電子音が人の死を告げるのでした。

母はその後一年ほど、順調にグループホームの生活を続けていました。しかし、再び翌年の十月に軽い脳梗塞を発症し、元の病院に入院したのです。

その入院から五日目くらいのことです。見舞いに行きましたら、母が必死に何かを伝えようとしている素振りを見せたのです。話をゆっくり聞いていると、どうやら次のようなことなのです。

明け方のまだ暗いうち、父が枕元に立っていたというのです。

母の語り口が、とても嬉しそうで、父の姿を見たことが励ましになってくれたようです。ほどなく退院してグループホームに戻ってからも、見舞いに行くと、この話がしばらく続いていました。

母にとっては、非常に心強かったのだろうと思いました。

矢作医師の例でも、私の母の例でも、死者が生前関係の深かった人に姿形を見せることは、それほど不思議な現象ではないようです。

これらの実例は、見える世界の現象であって、あくまでも仮相世界の話です。神の計画からすれば、人生の本来の目的を達したとは言えない現象です。

その後、母が霊界に到達したかは知る由もありませんが、父も母も人間という意識で生涯を終わっていますので、残念ながら、再び生まれてくるでしょう。肉体から抜け出た時の生命の意識状態が人間のままでは、幽界にとどまることになりますので人間に逆戻りするからです。肉体から抜け出た時の生命の意識状態が、神意識ならば霊界に入りますので、再び生まれてくることはないのです。輪廻してはならないのです。

しかし、例外はあります。

ブッダ（お釈迦様）やイエス・キリストが姿形を持って生まれてきたのは、理由がありま す。神の計画を達成するために、高級霊界から人類の意識を神意識に引き上げるために派遣されたからです。人類に霊的指導を行うことができるように準備されていた魂を育ててくれるご夫婦を選んで、この世に派遣するのです。

その生まれた状況や生まれてからの経緯が稀なことは、ブッダやイエス・キリストの伝記を参照してください。出生の背景にある霊的な特殊性がおわかりいただけると思います。聖人たちは、輪廻転生してきたのではないのです。

ブッダやイエス・キリストは、本来人間になる必要のない霊界の住人だったのです。それをあえて、人間という姿形をまとわれて来られたのです。これだけでも犠牲を払っているのに、イエス・キリストは十字架の刑にも処せられているのですから「大犠牲を払われた」と言われるのは、極めて当然のことと言えます。

三．本当にしなければならない「終活」とは

◉自分はどこから来て、どこへ行くのか

輪廻転生しないことを人生の目標にしたならば、一般的に言われている「終活」だけで十分でしょうか？

財産をお持ちの方は、相続の際に争族（争う家族・親族）問題を起こさないために、遺言書の作成や動産の整理・処分などは必要でしょう。なぜなら、家族・親族を平和にして旅立つことも、先立つ人の責任だからです。

それは、神の世界へ入るには「平安・平和な心」が大原則だからです。

しかし、それ以前にもっと大事なのは、自分の心の整理ではないでしょうか。言わば「心の終活」こそが、もっとも大事なことだと申し上げたい。心の終活は、自分がどのような意識でいるかを把握することにあります。

霊界＝天上界に戻れるかどうかは、次の質問にどのように答えるかです。

肉体を脱いだあなたの生命意識に対して、霊界＝天上界の手前で、どこからともなく響いてくる穏やかな声で尋ねられます。

「あなたは人間ですか、神ですか？」

このように問われて、人生のすべてを走馬燈のように一瞬で見せられます。天上界からは人間のことは丸見えですので、嘘はつけません。

非常に重要なことですので、再び強調しておきます。

「自分はどこから来て、どこへ行くのか」という命題に対して、心の底から「神から来て、神に還る」と明確に一点の曇りなく答えることができるか否かです。自分の人生の課題は、「神から生まれ、神に還ること」が人間の本来達成しなければならないことだと、生きているうちに知ることです。

肉体と生命が一体化しているうちに、この認識に到達していなければ、霊界に直行することはできません。

霊界に直行できる心を確立すること、これこそが、「真の終活」ではないでしょうか。

生命は、肉体から離れると、進歩の速度が非常に遅くなります。肉体を持っているうちの方が進歩の速度が速いのです。それは、肉体の苦痛が生命への刺激になるからです。肉体を脱いでしまうと、肉体的苦痛は無くなるので、進歩のきっかけが無くなってしまいます。

ですから、「若い時の苦労は金を払ってでもしなさい」という言葉の意味も非常に重要なことだと理解できますね。

また「人に奉仕、社会に奉仕」ということも大事だと思います。

でも、人間という意識のまま奉仕活動に参加しても、大きな成長は無いでしょう。神として奉仕することが、皆さんの生命意識を進歩させ、神に近づけることになります。神
なぜなら、「もっとも偉大なるものは、すべてのものの奉仕者である」という聖句が

あるからです。この聖句の意味は、「もっとも偉大なるもの＝創造主」は、すべてを創りすべてに自らを宿らせ給うて、すべてのものに生命を与え、活動させている、ということです。

このような背景から、皆さんが人生の目的をどのように決め、どのように人生を終えるか、ということは、非常に大切なことなのです。

◉行くべきところを知らないままでは、迷う霊になる

人が死ぬと成仏したと言います。成仏とは仏に成ると書きます。

幽霊が出るのは不成仏霊だと言う人もいます。しかし、ここまで見てきたように、生命体は波動の違い＝バイブレーションによって、置かれる館が決まるのです。単に周波数の違いだけですから、古い時代の幽霊談義は、人間が作り出したロマンチックな話だったということです。

仏画などに見られるようなことは、どこにも起きていません。「鬼が出てきて、骸骨を釜ゆでにしたり、針のむしろに座らせたりする地獄絵」のような世界はどこを探してもありません。あるのは、この世の絵の中だけです。

もし地獄があるなら、今、この肉体を持って生きている世界が地獄なのです。なぜなら、波動が一番低いのがこの世だからです。

昔は科学的な知見が無かったので、為政者が、人々の恐怖心を煽って社会規範を作り、宗教を統治の道具にしていたということでしょう。そして、為政者自身も恐怖心にがんじがらめにされていたのです。

人間の肉体は、生命がまとっている衣装のようなものですから、肉体の寿命が来た時に生命はその衣装を脱ぐだけです。「形あるものすべて滅す」の言葉通りですから肉体は無くなります。そういう科学的な理解を伴えば、見える世界から見えない世界に移行する時も、波動の違い、周波数の違い、バイブレーションの違いに変換されるだけだということです。

死後の世界が地上より高いバイブレーションの世界だということになれば、行くべき所はただ一つです。

霊界です。

これ以上の説明は必要でしょうか？

行くべき所が明確になれば、迷うことはありませんね。不成仏などというものは、ありません。迷うことはないと理解できた方は、「完全成仏」なのです。

◉迷ってはならない＝神に直行

迷うことは無いと理解できた方は、霊界を目指しましょう。本来の天国です。人間に戻らない波動の世界・高バイブレーションの世界です。

天国にはお花畑があって清々しい風が吹きわたり、穏やかな世界が広がっているというお話を聞いたことがありますか。そんな話はみんな作り話です。天国には、形あるものは一切ありません。

あるのは「光」だけです。

その光の世界では、十分満足できる波動が感じられます。この世の五感の世界から得られるいかなる満足よりも高い満足感が得られるのです。

幽界でうろうろする必要はありません。霊界に直行してください。それこそが、皆さんが還るべき所＝天国なのです。天の父が食卓を広げて待っている所ですよ。死んでから行くのではありません。肉体を持ちながらにして行くことが可能なのです。

そうです。自分のバイブレーションを上げるだけです。自分は肉体だ人間だと思っているうちは行くことはできません。行くことができるのは、「自分は人間・肉体ではない、自分は生命そのものだ」とはっきり断言できた時、既に天国＝霊界にいるのです。

肉体を持ちながらにして、天国にいるので、これを「地上天国」と申します。

そのためには、「自分は神に直行するのだ！」という強い決意と欠かさぬ瞑想が必要になります。神への一心集中が必要だからです。その方法は最終章で触れますので、しばしお待ちください。

四・生老病死、四苦の超越

◉医療費の抑制方法は、自助努力！

突然ですが、平成三十年度の厚生労働省の概算要求[*1]では、約三十五兆円規模の予算要求となっています。前年比では、一般会計と特別会計合わせて八千億円の増加です。国家予算が百兆円とすると35％を占めています。

国民医療費の総額[*2]は、一九五四年（昭和二十九年）に二千百五十億円だったのが、二〇一一年（平成二十三年）には三十八兆五千億円となりました。国民一人当たりの医療費は、一九五四年に二千四百三十九円でしたが、二〇一一年で三十万円を突破しました。つまり五十七年間で約百二十四倍になったのです。

＊1　厚生労働省平成三十年度概算要求資料（厚労省ホームページ）
＊2　厚生労働省統計一覧ホームページ、及び総務省統計局日本の統計ホームページ（人口・世帯、人口推計）より算出

これらの数字の背景には、高度経済成長に伴うインフレ率や、医療技術の進歩高度化、さらには薬価基準の引き上げ等、多くの要因が含まれています。その一方で、終戦直後には見られなかった新しい病気が増えてきました。

公害病やガン・未知の難病などが、文明の発展と共に増え、それらが医療費の総額を押し上げる新たな要因にもなっています。医療費亡国論を書いた厚労省の局長もいるくらい深刻な問題です。医療費が国家財政を破たんさせるのです。これらの傾向は、日本に限ったことではありません。

新しい病気の発生する要因は、人類が利便性を追求し、物質文明に溺れた結果です。なぜかと言うと、先にもご説明したように、物質は陰の性質です。陰とは、すなわち「暗い・闇・ヤミ」という性質を持っています。従って、物質的に豊かさを求める人は、「闇・ヤミ」を志向していますので、ヤミ（闇）思念を持っている人です。

ガンという漢字を見てください。物質たる物品の品にヤマイダレがついて「癌」という文字ができています。文字通り物質文明が反映している病気の象徴です。

病気も病（ヤマイ）という韻を持っていて、病気という言葉は陰気な波動に属します。つまり、物質志向（ヤミ志向）が強まれば、病（ヤミ）が増えるのは当然の成り行きなのです。

◉皆でやれば、無病の世界が生まれる

ここでご提案があります。

ヤミ＝物質を見るのではなく、光＝生命エネルギーを見ることに集中すれば、病気が無くなるという希望の法則です。真っ暗闇の部屋に入っても、スイッチ一つで電気をつければ部屋の闇は消えます。闇を消すには光を持ってくれれば良いのです。

この法則を一人ひとりが会得すれば、その方は自分の病気を消せるのです。

神に直行するのだという強い決意と瞑想を繰り返したことで、私自身は、お陰様で健康に過ごしております。聖者方の話を聞き、学んでいた友人たちも、大きな病気をしたという話は聞いたことがありません。皆さん健康なのです。

国家予算が破たんせず、一人ひとりが健康で暮らすことが実現できるのです。それもお金を掛けず「自分は光そのものだという想い一つ」で人生を送ることができることを強調しておきたい。それこそが「無病の世界創出」の唯一の方法です。

◉病は「闇思念」

「無病の世界創出」はなぜ可能なのでしょうか？

あらためて陰陽の法則を思い出していただきたい。

病はヤミ思念の波動に含まれる「陰」に属します。病気の人は陰気で元気がありませんね。考えもネガティブで、善意で言った言葉も反対の意味に理解されてしまうこともありませんか？

元気がない人を見ると、病気の前兆かもしれないと気になりませんか？　気の衰えは、気の欠乏＝エネルギーの欠乏になります。

病院にお見舞いに行って、ひどく疲れを感じることはありませんか？　病人はエネルギー欠乏ですから、元気な人のエネルギーが欲しいのです。薬より生命エネルギーが必要なのです。そのため、見舞客からでもエネルギーが欲しいのです。

病人を看病することは、病人を看るという意味ですから、病気を見てしまうので、看病する人にも陰気が伝染します。ですから、病は「ヤミ思念」と言うのです。

健康な人は肌の色つやも良く、明るく笑顔の日々を過ごしています。文字通り光り輝いています。考えもポジティブで前向きです。光に向かって咲いているヒマワリのような人がいますね。こういう人は**「光明思念」**を持っていると言います。

光明思念＝自分は光そのものだという意識で、日々の生活を送っているからです。光明思念とは、神への一心集中に他なりません。神は「光あれ」という世の礎を築いた言葉の発声者であり「光そのもののお方」だからです。

陰陽の法則からも、病人と健康人は明確に認識できるのです。

◉文明が発達して、文明病が増えた事実

文明の発達と共に神を振り返る人は減り、人間がすべてを創り出したと勘違いしています。他ならぬ人間の自我が強まったことが原因です。

個性は伸ばしても、自我をのさばらせてはなりません。

自我が強まると頑固になります。心が固まるのです。心が固まると、物質も固まるようになります。これがガンの見えない原因です。自我の強さが原因で起きる頑固さと、食品添加物・環境ホルモンにストレスなどの外的要因が加わり、相互に作用する

と、身体の中に化学変化が起こります。

さらにこわいのは、人間が本気で怒る時、神経興奮作用のあるノルアドレナリンが分泌されて血圧が上がることです。怒りによって顔が真っ赤になるのもその作用。すると脳卒中のリスク（脳溢血・脳梗塞）が高まります。血圧が上がりやすいと、心臓はもとより、肝臓・腎臓にまで負担が及ぶことが、人体のネットワークからわかり始めています。

ですから「怒り」が身体に及ぼす影響はとても大きく、昔から「怒りは身体に良くない」と戒められているのです。

そして体内でイオン化していた物質は酸化して結合しやすくなり、固まり始めるのです。ものはイオン化している時は水に溶けて、高い流動性を持っています。老廃物として体外へ排出されますので健康体になります。硬くなったものは固まり始め、体外へ排出されなくなりますので、病変を生じてしまうのです。

化学物質は、高温・高圧という酸化現象を利用して製造されます。従って、人工的に作られたものは、酸化作用のある物質です。現代の物質文明ではエネルギーを大量に消費して高温・高圧条件を作り、物質を製造します。利便性を追求した文明社会では、人体への酸化物の大量摂取が起きています。

人体は長い目で見れば酸化崩壊（老化現象）に向かっていますが、身体の中では還元反応を使って細胞を生かす方向に維持されています。生物が生きているのは、酸化反応だけではなく、還元反応がどうしても必要なのです。その人体が高温・高圧条件下で作られた酸化物を摂取すれば、還元反応が相対的に弱まるので元気が無くなるのも当然です。

これが、文明が発達して、文明病が増えた最大の理由なのです。

◉生老病死の克服

お釈迦様がお城にあった四つの門を出てみると、人々が「生きる苦しみ・老いる苦しみ・病の苦しみ・死の苦しみ」に直面しているではありませんか。

この四つの苦しみを**「四苦」**と呼びます。その四苦を無くして平安に暮らすためにはどうしたら良いかを考え抜くために、お釈迦様は出家しました。出家して、悟りを開くまで自分を見つめ直したのでした。

現代においても「生老病死の苦しみ」は無くなっていません。

「生活が苦しい・お金が欲しい」「年を取ったら誰が介護してくれるのか・老々介護になったらどうしよう」「ガンはこわい・保険を掛けよう」「病院へ行くと高いから健康食品で乗り切ろう」「死ぬのはこわい・死んだらどうなる」などと、心配する人が世の中の大半、人類の大半です。

この忙しい現代生活の中で、四苦を克服するには出家している暇はありません。

そこで、あなたの想い一つでヤミ思念から光明思念に切り替えられる、ということを申し上げているのです。皆さんが日常で何を意識し、何を見ているかで人生のすべてが決まるのです。**想念は実現の母**という言葉があります。実現する方法はただ一つ。

「光を意識する」ただそれだけなのです。

光を思い浮かべるだけです。何の言葉も祈りもいりません。その結果が、四苦の克服に繋がるのです。

五．死の超越は「光明思念」

◉光の世界は真実の世界

お釈迦様も人間の恐怖の中で最大のものは「死」であると指摘しています。しかし、前節で申し上げましたように、光を想念するだけで四苦は克服できるのです。別名「光明思念」と申します。

死は生命が見えない世界へ移行する時の「一つの通過点」だと申し上げました。その先は見えない世界の幽界・霊界へ繋がっているのです。誤解してほしくないのは、見える世界と見えない世界、あるいは幽界と霊界の間に幕が張ってあったり、境界線があったりするのではないということ！　その違いは単なるバイブレーションの違いだけなのです。そのバイブレーションの違いは、心のバイブレーションの違いなのです。もう一度「心の波形」の図を思い出してください。心が波立っている時、気持ちは不安定です。

神のご性質は平安であり安定です。神に近づくには、心の波形を波立つ状態からできるだけ平らにすることです。「山を削り、谷を埋めよ」という聖句をその通りに実践してください。

その世界は波立ちが無いので見通しが良いのです。すべてお見通しの状態です。ですから「嘘がつけない世界」。「真実の世界」であります。光の世界こそ真実の世界なのです。

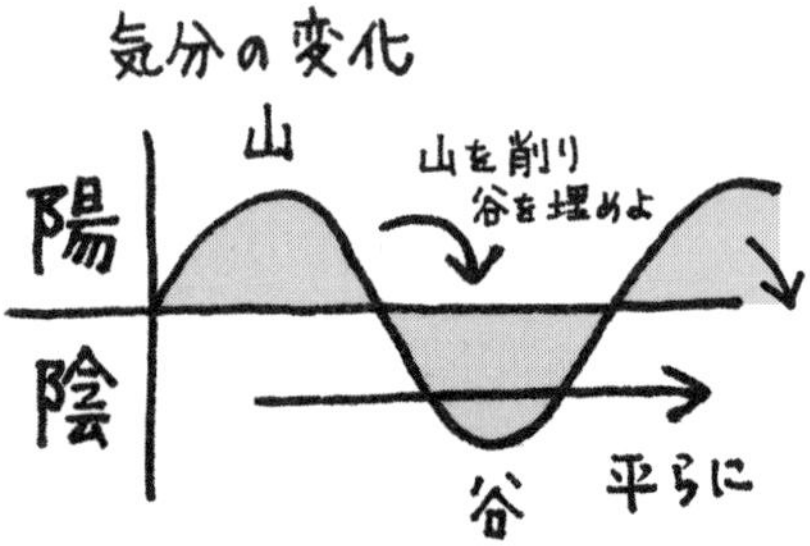

◉神は光そのもの

飛行機に搭乗する時は雨が降っていても、離陸して雲を突き抜け上空に行くと、いつでも晴れています。太陽は燦々と光を注いでいます。神が曇ることはありません。光の世界は常に光です。光が常在しているのです。それが霊界です。

神を思い浮かべる時は、白い衣を着た長いひげの杖を持った老人が雲の上に乗っている情景を思ってはなりません。神は地上の花にも動物にも宿っていますが、神そのものの世界には姿形がありません。神の世界で姿形が見えたと言うなら、それは嘘でしょうと断言できるはずです。神は姿無き形無き御方だからです。

では、神はどのような御方ですか、と尋ねられた時、光そのものですと答えます。

人が死ぬと真っ暗闇のトンネルがあって、抜けることができないという話を聞いたことがありますか？　実はこの真っ暗な状態はあなたの中に原因があります。

その理由は簡単です。神の世界は全き光の世界です。そこへヤミ思念・物質しか信じない・見えるものしか信じない、という思念の状態の人が入ると目がくらみます。強烈な光を出す電球をまともに凝視することができないのと同じ状況です。

その超強烈な光の中で目がくらんでいるので何も見えないのです。何も見えないので暗闇だと感じます。その暗闇で泣き叫ぶ未熟な生命の何と多いことか。何も見えないので親や親戚・友人すら見えません。孤独の暗闇に絶望するでしょう。何も見ることができないので真っ暗闇に見えるのです。決してトンネルがあるわけではありません。あなたの意識次第で真っ暗闇か薄暗いか、全き光を見るかが決まります。

肉体を持ちながらにして、「私は光そのものです」と断言することができます。自信を持って、私は光そのものです、と答えられた時、あなたは神そのものの意識状態なのです。そういう意識であれば、真っ暗闇は体験しなくて済みます。その時、初めて「神のみぞ知る」という言葉の正しい理解ができるのです。運を天に任せるという意味で、神のみぞ知るという使い方は正しくありません。

「私は、神しか知りません」という意味で「神のみぞ知る」と言うのです。

この場合の「のみ」はもちろん、オンリーワン＝唯一という意味です。「ぞ」は強めの助詞。従って「神のみぞ知る」という言葉の正しい理解は「神のことだけしか知りませんよ！」「神以外のことは知りません！」という強い決意表明であるということなのです。つまり、光しか信じません、ということになります。光明思念が非常に大切だということを、しっかり把握してください。神は、光そのものです！

第5章　宇宙と神との関係

一．現象化した宇宙

現在の一般的な知識では、宇宙は日常生活に直接関係ないと思っている人が大半だと思います。興味のある方でも、国際宇宙ステーションや月面レースなど、馴染みのあるニュースには親近感を持つかもしれません。

あるいは夜空の月や星を仰いで、お月見を楽しんだり、七夕飾りに願い事を書いたりしてロマンチックな気分に浸るくらいでしょう。宇宙は日常生活とは、ほとんど関係が無いように思えるのではないでしょうか。

◉宇宙との繋がりがわかる身近な実例

日常生活と宇宙とは一切関係が無いと思っていたら、大いなる勘違いをしていることになります。

地球は、太陽系すべての惑星と、引力や光の関係を通じて直接影響を受けています。

地球上すべての鉱物・植物・動物・人間はその引力の影響無しには存在できません。
毎日、海の満潮・干潮の時刻が変化するのは、太陽と月の運行によって引力の変化が生じて海水の大移動が起きているからです。GPSが無い時代には、砂漠を越えて旅をする時、あるいは大海原を渡る時、星の位置で自分のいる場所を知ることができたのです。目印として有名な星は北極星や南十字星です。

月単位でも多くの影響が見られます。月は満ち欠けにより毎日形が変化しています。満月から次の満月まで、周期は約二十八日です。地震は満月や新月前後に発生する確率が高いことが知られています。植物は新月のころは水分が抜けてしまいますので、「竹は闇夜に切れ（闇夜＝新月前後五日間程度）」という言い伝えが竹を扱う人々の間では常識でした。水分が少ない竹は、ざる・籠・竹材などに利用する時に繊維細胞から水分が抜けて緻密になりますから腐りにくく長持ちするのです。

南米ボリビア共和国での体験ですが、現地の人から教えられたことがあります。

牧場の柵の杭に使う「鉄木《てつぼく》」という木があります。満月前後に伐採したものは水分が多くて一～二年で腐ります。ところが新月前後に伐採したものは、十年経っても腐りません。屋根をふく棕櫚《しゅろ》の葉も、新月前後に切り取ったものは長く使えるというのです。それ程に、地球上の植物は月の引力の影響を受けているということです。

では、ここでクイズを出してみましょう。

質問：みずみずしい果実を収穫するには、どうしたら良いでしょうか？
解答：みずみずしい果物を収穫するには満月前後が適しています。
理由：植物は満月前後に生体に水分が増えますので、満月前後がみずみずしい果物には適しています。その代わり、腐りやすくなることも考えなければなりません。
応用：「糖度の高い実のしまった果物は水分が抜ける新月前後が収穫時期です」

次の質問です。
質問：美味しいアサリを採るにはいつごろの潮時が良いでしょうか？

解答：貝類を採るには、実入りが良くなる満月前後が適しています。
理由：海の貝類は満月前後には実が太りますので、見た目も良くなり美味しくなります。同じアサリや牡蠣でも、満月前後の貝類は実が大きくて、栄養が新月の時より多いと言われています。
応用：「貝類を買う時には満月の後が適しているでしょう」

人間でも、女性は男性より月の動きに敏感だと言われています。身体の生理機能とある程度関係があるようです。ダイエットを始める時期も、体内から水分が減りやすい下弦の月（満月以降）あたりが適していたりします。

さらに人間の誕生・死亡も、月の満ち欠けと毎日の潮汐（干潮・満潮）に影響を受けています。出産が予定日より遅れた場合も、月の満ち欠けと大いに関係があります。満潮の時に出産が多く、干潮の時に息を引き取ることが多いと言われているのです。

年単位の影響についても多くの現象があります。

毎年の大潮の時期にサンゴの受精行動で海が濁るような現象を見せたり、ウミガメが産卵のために砂浜に上がってきたりすることも有名です。

地球の中緯度帯では四季の移り変わりが見られ、それぞれの季節が見せる情景の美しさに、人間は心を動かされたり癒されたりします。北極圏と南極圏では、それぞれの夏に白夜が見られます。オーロラの出現も太陽活動の影響を受けた現象です。

少し例を示しただけでもこれだけの現象が地上で起きています。遠く離れた天体の影響で、地上の気象・天象や生物行動が一定の秩序を持つこと自体、日常生活ではあまり意識されていないと思います。でも、日々地上でこのような影響を受け続けているのです。私たちは宇宙と繋がっていることを、あらためて確認しておきましょう。

◉広がり続ける宇宙

最新の科学的研究で、地球は誕生から四十六億年経過していると言われています。宇宙創成＝ビッグバンからは百三十八億年経っていると科学者が説明しています。

宇宙は無限の広がりを持っています。にもかかわらず、長い年月とは言え、百三十八億年さかのぼれるということは、どこか矛盾していると思いませんか？　宇宙が誕生から数えられるなら、「宇宙は有限です」と言わねばなりません。数えきれるなら無限ではないですね。数えきれないから無限と言うのです。

では、本当の無限宇宙はどこにあるのかという疑問が出てきます。

現在、私たち人類が最先端の機器を駆使して観測しているのは、「現象化した宇宙」なのです。ビッグバンが起きたということは、ビッグバンが起きた舞台、すなわちビッグバンを取り巻く環境があるのです。何もない無＝真空から超高温超高圧の状態が作れるはずがないのです。

神は、「光あれ」と想念してビッグバンを起こしました。その時に強烈な光を出したことが「初めに光あれ」という言葉であり、旧約聖書の創世記冒頭部分に記述されています。

しかし、夜空がなぜ黒いのでしょうか？　夜だから黒いのは当たり前だと思っているあなたに考えていただきたいのです。当たり前のことを疑問に思うことが、科学の入口であり神への理解であります。

夜空が暗いことは当たり前なのです。なぜなら、私たちが見ているこの宇宙は、「現象化した宇宙だから」です。物質化した宇宙なのです。つまり物質化した状態はヤミに属しますので、ヤミは闇にして黒なのです。

◉ビッグバンの外に現象化していない宇宙がある

この物質化した宇宙のさらに外側に、それこそ**「無限の光に満ち満ちた現象化していない宇宙」**があります。現代の科学的知見では存在すらわかっていません。

しかし、ビッグバンという現象によって物質化した宇宙ができた場所が、「物質化していない宇宙の中」なのです。そこは「目がくらむ無限の広がりを持った光そのものの状態」です。光明に溢れた光だけの世界があります。そこは無限光・智慧光のまばゆいばかりの光の世界です。そここそが神の光溢れる私たちの故郷なのです。そこへ還るには、人生において神を意識して生きていくことに他なりません。なぜなら、宇宙法則とは「神から出てきて神に還る」ことだからです。

現在の科学的知見で現象化した宇宙を調べると、次のようなことがわかっています。

地球から見て遠い星ほど赤く見える（専門用語で「赤方偏移」）。近い星は青白く見える。遠い星が赤く見えるのは、光のドップラー効果という現象で、遠くの星がどんどん離れていることの裏付けになっています。ということから、現象化した宇宙も無限に拡張を続けているのです。

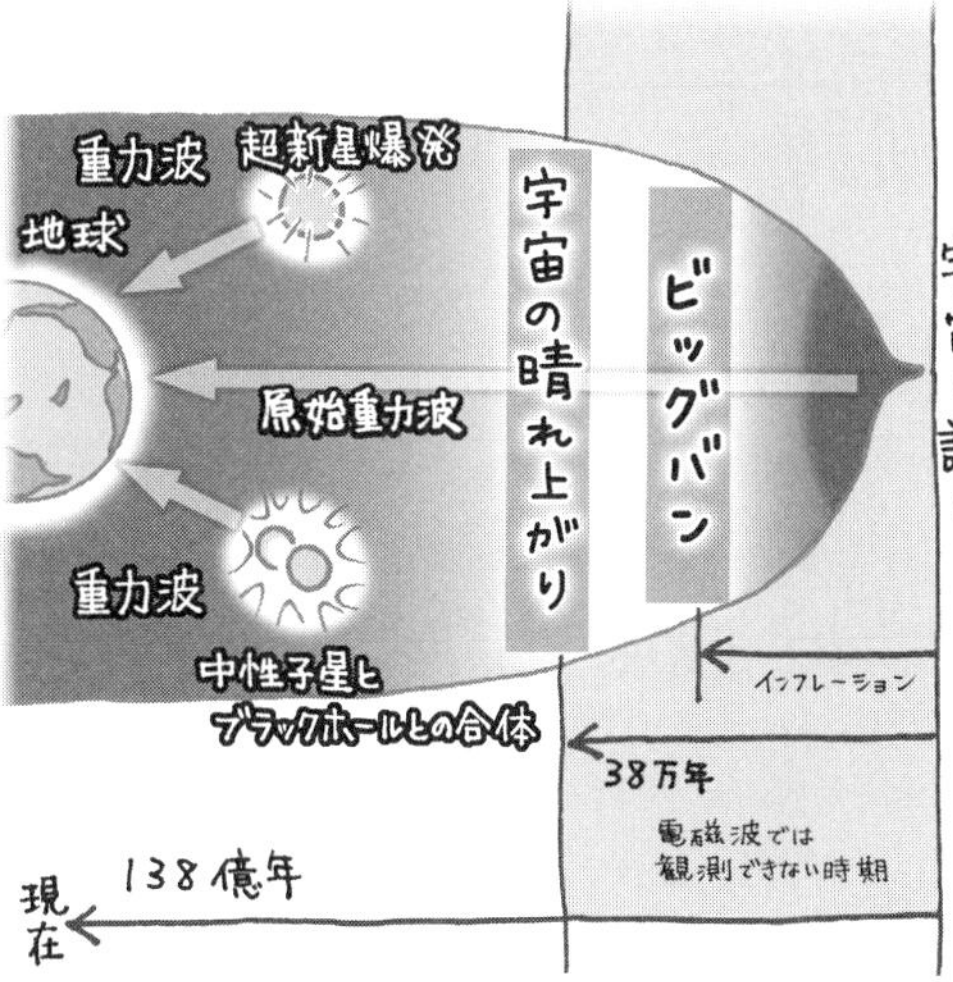

見えている物質の基礎となる原子と電子の世界は、全宇宙の僅か4％にしか過ぎません。残り96％は不明なエネルギー（ダークエネルギー*）と不明な物質（ダークマター）が占めているのです。ダークと言っているのは「不明な」という意味であって、決して黒いとか暗いという意味ではありません。

このダークエネルギー・ダークマターこそが、現象化した宇宙を解明する手がかりとなると期待されている未知の構成要素なのです。

人類が4％しか把握できない先に、96％の未知のエネルギーと物質があります。神はさらにその先に現象化していない宇宙を用意しているのです。神の計画に沿って私たち人類が神の許に還ることとは、さらに宇宙全体が無限に広がりを続ける手助けになるのです。神のお手伝いができるようになるのです。

聖者方が言います。「人類は、真実の無限宇宙（物質化していない宇宙）を知った時、その大きさに圧倒されるであろう」と。

＊　ダークエネルギー：二〇〇七年九月二十六日付、（独法）理化学研究所発表参照

二・アカシックレコードの意味と体験

◉過去の記憶：南米ボリビア共和国、ある遺跡の砂が語り掛けたもの

中学・高校のころ、抜けるような青空を見上げ、あるいは山の上で満天の星を仰ぐ時、この先には何があるのだろう……、と思索にふけることがたびたびありました。

過去の歴史には、ムー大陸やアトランティス大陸が、優れた文明を謳歌していました。やがて文明の爛熟と共に海中に没したことは、関係する雑誌から得た知識がありました。過去の歴史と言っても、学校の教科書には出てこない分野です。

二十歳の時、東京渋谷に高速道路が開通し、高い橋脚の上にコンクリートの桁が渡してある構造物を見た瞬間、『これはどこかで見たことがある！』と胸に浮かんできたのを覚えています。しかし、初めて見る風景でしたので、『どこかで……』と思っても脳の記憶にはありません。魂に記憶されていたのです。

会社勤務・子育てなどの日常に埋没して、これらのことはしばらく封印されていま

した。石油会社を退職後、四十歳を過ぎて、聖者方と南米アンデス山脈を頻繁に旅する機会に恵まれました。その数ある旅の中の出来事です。

ボリビア共和国、首都ラパス郊外の観光スポットであるティアワナクの遺跡を訪問した時のこと。石造りの神殿が現れ、石組みの隙間は紙一枚入らない精密な加工が施されていました。

聖者方のお話で、そこは学校の歴史教科書には載っていない時代の遺跡であるということでした。現地ガイドの一通りの説明を受けた後、自由時間になりました。気になる場所がありましたので、そこへ戻って周囲を見渡しましたら、明らかに自然の砂とは違うブルーの砂粒を見つけました。直径一ミリメートル、長さ二～三ミリメートルの、小さい円柱状のブルー（青緑色）の砂です。

遠くに目をやると百メートル四方より先まで、普通の砂に混じってブルーの小さい粒は続いていました。どんどん追っていくと石組みが乱雑に破壊されている場所がありました。人の背丈もある四角い石が地面からあちこちで突き出していました。

その時は時間も無く、ラパスに戻ることになりました。砂漠の中の凸凹のラリーダートコースのような道を走っている時でした。景色も代わり映えしないので、車の揺れに身を任せて瞑想をしておりました。

突然イメージが湧いてきて、「青空を背景に聳《そび》え立つ高層のブルーのビルディング」が感じられたのです。ほんの一瞬の出来事でした。

ホテルに到着してから、このイメージについて聖者方にお尋ねしたのです。

そのお答えは今でもはっきり覚えています。「それはアカシックレコードに触れたのです。そのビルは、あるエネルギー装置が設置されていたが、ある時、制御がきかなくなって大爆発を起こしたのだよ」と。それで石組みが乱雑に破壊された情景の理由がわかったのです。

また、次のような注意も受けました。「瞑想中にイメージが湧いてきたら必ず打ち消しなさい。審神者《さにわ》*がいない時は、その内容は他人に聞いてはならないし、文章にもしてはならない」という厳しいものでした。

＊　審神者とは、神のお告げが本当かどうか判断できる人のこと

なぜなら、瞑想中にイメージが湧いてくるのは、ほとんどが幽界レベルからのメッセージだからです。幽界にとらわれると正常な瞑想ができなくなります。気がおかしくなってしまう人もいますので、安易な瞑想は本当に注意してください。

◉未来の記憶：不幸を予知して、幸運に変えた瞑想体験

五十歳を過ぎたころ、約一年間、タイ王国の首都バンコクに住んでいました。仕事は、バンコク周辺に進出していた日本企業の工場の水処理です。

仕事の日々の間も瞑想は欠かさず続けておりました。

帰国二カ月前くらいに、ある情景を見せられたのです。「私が、私に謝っている人を赦している」情景です。その情景は三回ほど見せられましたが、聖者方の教えに従い、気にもせず、見たことも情景の意味も含めて記憶を封印していました。

帰国して会社に通い始めた日、書類を取りに帰宅したところ、まさしくタイのバンコクで瞑想中に見た情景がそこにありました。その瞑想中に見た通り、ごく自然に謝っている人に赦しを与えてやりました。あらかじめ見ていたことでしたので、心も騒がず、その後も普段と変わらぬ日常生活を送ることができました。

そのことがあってから、二週間ほどして聖者方にお会いした時、言われたことがあります。「随分落ち着いていたね。普通なら大変なことになっていただろうに。何事も無くて良かったね」という労いの言葉だったのです。

これはまさしく、瞑想中に体験したアカシックレコードが幸福に転換したことを知った実例です。

この瞬間、アカシックレコードのことが思い出されて、聖者方に確認したことがあります。

「アカシックレコードとは、過去に起きたことが刻まれているだけではなく、未来の時間軸に刻まれていることもあるのですね」

聖者方はゆっくりうなずかれました。

アカシックレコードの意味が深く理解された瞬間でした。さらにその情景を平安な心で克服したことによって、自分が過去世にさかのぼって犯した罪をも消し去ることができたことが、聖者方から告げられたのでした。

それ以来、瞑想中にいろいろなイメージが湧いてくることはありません。平穏な瞑想が続いています。聖者方の教えの通り「何も見えない・何も聞こえない」神との一体感が実感できる時間です。

三．宇宙意識とは何か

◉本当の聖者は姿形が無い

宇宙意識とは「宇宙のことがわかる」という意味ではありません。宇宙意識とは、霊界の中でも高級霊界以上の波動のことです。心の波形で表現すれば、直流電気が示す平らな電流の状態です。神以外のことには一切ぶれない心の状態。別の言葉で言えば「不動心」です。ハイバイブレーションとも言われる意識の世界が宇宙意識なのです。

従って、宇宙意識に到達した人は、姿形はあっても感情に左右されることはなく、常に安定した対応ができる人です。まさしく不動明王です。

不動明王の本当の意味は、お寺の本尊や山門にあるような、怒りの形相で睨みつける心の状態ではないのです。常に光輝いていますので、光の表現をするために光背に火炎の形をかたどっただけなのです。

聖者方も、人の形はしていながらにして、高級霊界の意識状態ですから、必要に応じて姿を無くすこともできます。イエス・キリストは十字架の刑死後、「弟子たちのいる部屋に、鍵がかかっていたにもかかわらず入ってこられた」という記述が聖書にあります。

この状態は肉体を光子体状態にして、気化させる方法を使います。波動を上げるということです。気体ですから壁があろうがドアがあろうがすり抜けることができるのです。必要な所へ移動して、今度は波動を下げて肉体を現すだけです。

イエス・キリストは、その意味では偉大なる科学の実践者だったとも言えます。

固体から気体、気体から固体へと自由に心の波形をコントロールすることができるということは、まさしく「自由自在」の境地。聖者方はまさしく制約されない心の持ち主であり、形という意識からも解放されています。

別の表現をすれば「波動の上げ下げで肉体を現したり消したりすること」が可能だ

ということです。もう一度、第1章の図を思い出してみてください。

◉必要な時は、地上に姿を現す聖者方

私が存じ上げている聖者方の中でも、最高齢の方は六百歳を越えています。それでいて、必要な時には姿形を現せるのです。一九九〇年代後半に、米国ボストン郊外の森の中でお会いしたことがあります。

人類を神の世界に導くために、高級霊界はあらゆる手段で私たちを教育しています。それは知識学問のみの学校の教育ではなく、全人格的な教育です。言葉や文字は使いません。筆者自身も神のご意思に沿った生き方をしようと努力している一人ですが、ときには判断が世俗的に偏ることもあります。

その時に過ちを犯さぬように指導を受けることがあります。何気なく私の視界に聖者方ご自身が姿を現すのです。

その瞬間に、私の内面に「お姿を見た理由」が電撃のように走ります。その日のうちに瞑想をし、自分の裡《うち》なる生命エネルギーの波動を高めます。すると瞑想から覚めた後、判断しようとしていることに対して、冷静で客観的な修正ができるようになります。

聖者方が、自由自在に光子体を使える光の二重性について言及しておきましょう。

光の二重性とは**「波動性（エネルギー性）と粒子性（物質性）」**のことです。周波数の長い（例えば赤外線側に相当する波長の長い電磁波（光）はエネルギー性をよく表します。赤外線が温かく感じられるのは、そのエネルギー性によるものです。

反対に周波数の短い紫外線側の電磁波（光）は、粒子性を表します。ガンマ線などの波長が極端に短い電磁波は「重粒子線」と言って粒子性を表します。その

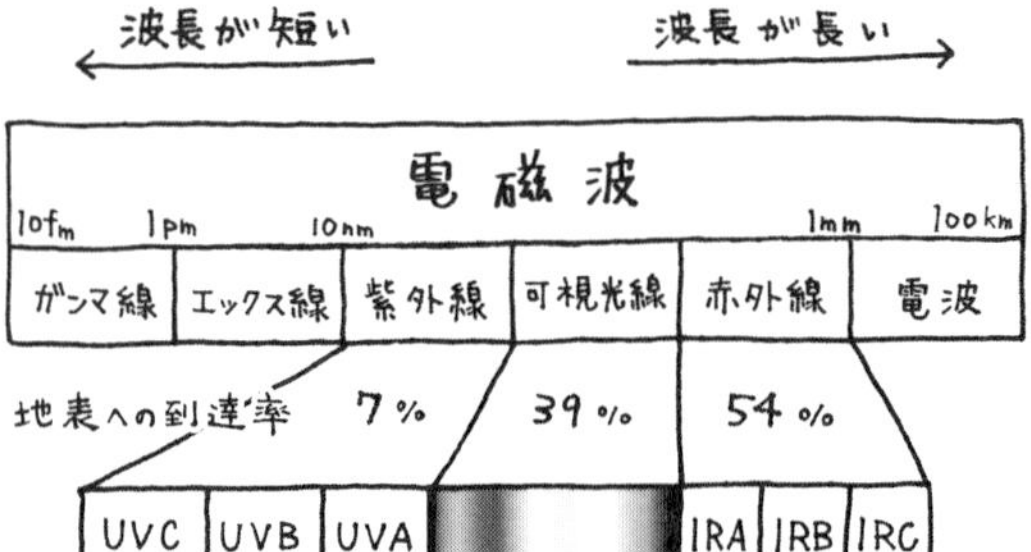

粒子性を利用して、物質化したガン細胞にアタックできるように工夫された最新治療法が行われるようになっています。

このように、現在の科学技術によって、人工的に光子体を実現・応用できるまで、もう一歩のところまで来ていることをお知らせしておきたいと思います。

しかしそれ以前に聖者方は、光溢れる世界で生命体の意識波動を上げたり下げたりして、姿を現したり消したりすることができたのです。見える世界で考えるような装置は一切いらないのです。見える世界からのアプローチは、装置が必要だと考えます。見えない世界では、意識一つで自由にコントロールできるのです。

それこそが神が第一原因者であると言われる所以です。

◉根源神から諸天善神に流れる愛の奔流

すべての天体には生命が宿っています。生命はエネルギーであり、霊的エネルギーとしてすべての天体に宿っているのです。つまり天体に宿るエネルギーもあなたの肉体に宿るエネルギーも同じエネルギーです。違うのはその周波数だけです。地球にももちろん宿っています。「ガイア」と名づけられていますね。

それらの霊的エネルギーはあなたの生命エネルギーと同じです。この霊的エネルギーは、高級霊界から見える世界＝この世まで貫流している神の意識（大愛）なのです。別の言い方をすれば、神の意識＝大愛が、全宇宙から地上の生物に至るまで、すべての階層に平等に満ち満ちています。

波動は違っても、下の階層から上を見れば高い階層になりますので、上の階層を天と言います。その階層は数限りなくあり、「諸天」と言います。そこは本質的に神の真理＝絶対善が本性ですので、そこに存在している生命体は「諸天善神」となるのです。

創造主はすべての被造物の創り主ですから「根源神」です。この根源神から意識された創造の力、創造の原理は「大愛として」被造物に貫流していきます。

ですから、あなたも愛を宿しているのです。

愛というエネルギーが根源神から諸天善神を貫いています。ですから創造主の神は一柱だと言われているのです。そして、諸天善神たるあらゆる国のあらゆる民族に平等にこの大愛は宿っています。

太陽も崇高な霊体が守護霊として宿っています。地球も霊界の守護霊が守っています。それらもすべて創造主の大愛が基礎になっています。

ところで、宇宙には空気が無いから生きられないと思っていませんか。肉体という形がなくなっても生命は生きています。生命は意識だからです。肉体が無い意識体＝生命には空気が必要でしょうか？　生命が生きる場所は自由ですから、地上の生活に縛られる必要はないのです。空気が無くても、エネルギーはあります。エネルギーは実在だからです。

肉体は存在であり、実在ではありません。いつかは消えるのが肉体です。

地上に未練があると地縛霊と呼ばれるし、自分の個人意識・自我意識だと自縛霊となります。宇宙意識に到達するということは、地上に生きるのみでなく、真空中の宇宙でも自由自在に活躍できることを意味します。

是非とも、諸天善神から根源神へと意識を上げる＝バイブレーションを上げる＝波動を上げる努力が今の人類には必要なのです。

なぜなら、宇宙法則とは「神から出てきて神に還る」ことだからです。神はすべてを創造する全知全能の無限者だからです。畏敬の念を込めて申すならば、「神は全能にして全知なる無限者であられる」ということです。

地球は、神に還るために自らの精神性を向上させる練習舞台に例えることができます。

地球が練習舞台なら、そこで自我を伴って人生劇場を演じているあなたは主演者。その舞台から降りた時（死を迎えた時）、真実の世界に戻ります。その際に自分の人生は神のご意思に沿ったものであるかどうかを神に問われます。人生の様々な場面を走馬燈のように見せられても、自分の人生が神のご意思に十分に沿っていたかを、説明できなければなりません。現在の地球の意識レベルは、全宇宙から見て非常に低いと言わざるをえません。

神の世界に入り平安で安心できる状態を維持できなければ失楽園です。波動はエネルギーであり周波数を持っていますから、数値が不一致なら高い波動のものに低い波動のものが適応できるはずはありません。

波動の打ち消し合いが起きて、荒い波動は精妙な波動に修正されるのです。まさしくサイエンスの世界なのです。

従って「宇宙法則とは神の法則」であり、嘘偽りの無い法則なのです。

◉無限は一つ、無限が二つあったらそれは有限

無限者であられ、普遍者であられる創造主たる神は、自身の成長のために無限に拡大する本性をお持ちです。ですから宇宙は拡大を続けているのです。そこですべての被造物を生み出し、そのすべてにご自分を宿らせるとお決めになったのです。

従って、その唯一の神が治めている宇宙は無限です。

では、無限をきちんと整理しましょう。

無限を構成する要素は無限にありますが、無限そのものは一つです。

もし無限が二つあるならそれは有限です。二つ以上ある無限は無限であるわけがありません。

人間の思考の産物である数学には、無限はいろいろな種類があるようですが、それは無限にはなりません。無限は一つ、たった一つだから無限たりえるのです。私たちも神の被造物であり神の性質を受け継いでいるからには、私たち自身も無限の存在と

言うことができるはずです。

◉聖者方との語らい

ある日の夕方、聖者方に呼ばれてご自宅に伺いました。

「何でも聞いていいよ」と言われて、質問する羽目になりました。

そこで出た言葉が「記憶とは何ですか？」という言葉だったのです。

人間には記憶があります。実のところ、それには二つあるのです。

一般的に脳に記憶されていく知識。生活に必要な衣類や食糧・住まいを効率的に得る手段を、教育という形で家庭では親や目上の人から、学校では先生から学習していきます。人間が作った文明社会に適応するためです。

もう一つは、魂の記憶です。脳には直接関係しません。自分の過去世において霊的な経験が刻まれている記憶です。この記憶は脳には記録されていません。あなたの生命エネルギーに周波数として記録されているのです。人間という形を取ったものは、多くの場合、過去世において霊的に悟りの段階に達しなかったので、再度この世に人間として生まれてきています。
やり残した「神に還る」という宿題に取り組んでいるのです。

それがこの世に生を受けている大きな理由です。

しかし、その宿題に取り組むことは忘れて、人生を謳歌し、やがて死を迎えた時、「ああ、今回もまた宿題を忘れてしまった」と嘆かないようにしなければなりませんよ、と強い指摘を受けました。では、どうすれば宿題を終わらせることができるのでしょうか？

肉体を持ちながらにして、「私は光そのものです」と断言することができなければ、宿題は終わっていません。自信を持って、私は光そのものです、と答えられた時、あなたは神そのものの意識状態に至ります。そういう意識であれば、通常、死後体験する真っ暗闇のトンネルで泣き叫ぶ体験はしなくて済みます。

その時初めて「神のみぞ知る」という言葉の正しい理解ができるのです。

聖者方は、重要な言葉は折に触れて繰り返しお話しされます。

その理由は、神を伝えるのには、言語は不適切な手段だからです。無限を言葉で定義したらそれは無限ではなくなります。愛を言葉にしてしまえば、それは愛ではなくなるからです。

愛する人への思いを言葉にした時、「上手く言えない」と感じるのは人類共通です。国籍民族を超越しています。これは人類が愛を共通基盤にしている証拠です。愛を語る時、言葉はもどかしくありませんか?

それと同じことが、神についての真理を語る時に起きるのです。ですから聖者方がのです」とおっしゃるのです。

「重要なことは、何度も、何度も、繰り返しによって、あなたの胸に響くように伝える

◉初詣の必要が無い聖者方

「肉体を持ちながらにして、『私は光そのものです』と断言することができます」こういう意識状態に達した時、あえて初詣に行く必要があるでしょうか？

こういう意識状態は、自分が既に神意識ですから、自分の肉体そのものが寺社仏閣であり教会なのです。肉体そのものが**「生ける神、の宮」**となります。

あなたの肉体は神の宮＝神宮なのですよ。

このように聖者方が説明されました。

なぜ「生ける神、の宮」と読点を打ったのでしょうか。通常、読点を打ってくださいと言われれば「生ける、神の宮」とするでしょう。意味の違いは次のようになりま

す。

●「生ける神、の宮」＝神が生きていて、肉体はそのお宮さん。

●「生ける、神の宮」＝肉体が生きていて、それは神が宿るお宮さん。

この違いを、是非深く噛みしめてください。

そのお宮さんたる肉体に、神が息を吹き込まれた（生命を吹き込まれた）のです。その時人間は生きるものとなった。ですから、人間は神の一人息子、一人息女《むすめ》となります。生命の視点で見れば、あなたの親は神なのです。肉体を創ってくれたのは人間の形をした生みの親ですが、生命の親は神そのものです。

神を拝む時の両手の状態を見てください。両手を合わせると親指があなたの胸の方向を指していますね。神が人間を創造した時に、そのように創造したのです。その理由は、息子・息女（人類）が神（真実の親）に祈る時、自分の胸の裡《うち》にある神＝真実の親のいる場所を忘れないように、手足の形を創られたのです。

日本では、思想信条の自由は憲法で保障されていますから、強制はしません。ただ本当の親は誰なのか、人間は一人ひとりが神の息子・息女であることを考え直す時期に来ていると思います。

宇宙法則とは「神が万物を創り、万物は神に帰属する」ということです。従って、人間も「神から出てきて神に還る」ということになります。神はすべてを創造する全知全能の無限者です。

この宇宙と神の一体性を観取した時、あなたは「宇宙意識」を得ることになります。それが、悟りの境地なのです。

第6章　日常生活とスピリチュアルの関係

一・意識が生み出す壮大なドラマ、「運命」

◉人生の主人公はあなたです ～カルマとは何か～

第5章で、「地球は、神に還るために自らの精神性を向上させる練習舞台に例えることができます。地球が練習舞台なら、そこで自我を伴って人生劇場を演じているあなたは主演者」と申しました。

あなたが、なぜこの世に生きているのかは、ご説明したように、「前世において霊界に入れなかった（悟りに至らなかった）から」です。悟りに至っていたら、この世には生を受けていません。

ときには、「私はかつて悟っていたものである」と言って出てくる自称悟り人もいます。しかし、その人は嘘をついています。悟っていたら、今生、人間であるはずはないからです。

過去世において、悟りに失敗したことの原因を「カルマ（業《ごう》）」と申します。このカルマは、人殺しの罪、自殺の罪、嫌がらせ、いじめの罪、詐欺の罪などなど、様々な罪があります。各人各様・千差万別です。個人が背負っているカルマはその事件性・程度の軽重によって、かなり異なっています。

また、カルマには、民族のカルマや国のカルマ・地域のカルマなど、大きな集団や地域単位でのカルマもあります。紙面の都合上、ここでは、日常生活に起きそうな例を参考にしながら、カルマの解明と乗り越え方をお伝えします。

この章では、カルマがお互いの因となり果となり、壮大な地上絵巻を繰り広げていることをおわかりいただきたいと思います。誤解のないように申し上げますが、「過去世」は実在ではありません。カルマの話は仮相のことです。霊界こそが実在です。

この章で申し上げることは、二つあります。

一つ目は、カルマの話は仮相世界であり実在ではありません。仮相の世界を実在と勘違いしないでください。

二つ目は、日々の生活における苦しみの原因が、カルマに起因していることを理解して、苦しみの解決や軽減に役立ててほしいということです。

まず、霊界へ入るための「カルマの解消」をしましょう。

以下の事例を参考にして、明るい人生への手がかりにしてください。

◉運命とは何か ～開運の大法則～

日常生活の中で、宝くじが当たって運が良いとか、逆に外れて不運だと思うようなことが起きますね。あるいは、大きな財産を築いたり、失ったりした人の話を聞いたりします。玉の輿に乗ったり、海外に移住したり、国際結婚をしたりするのは、大なり小なり、カルマが影響しています。

その時「運命の人に出会った」とか「良い星の下に生まれたね」という表現をします。すべて大なり小なり、カルマが影響しています。

もう一つ注意しなければならないのは、日常生活でカルマを作らないことです。もし幸運に恵まれたいとか、開運のきっかけが欲しいと思うなら、自分の日常生活を見直さなければなりません。運・不運というのは自分の行い・言葉遣い・心が作り出している結果なのです。

「行い・言葉遣い・心」この三つをまとめて「身《しん》・口《く》・意《い》」と申します。端的に言うと、**運命とは「自分の身・口・意とカルマの総和」**ということになります。

カルマは生まれた時から背負っていますので変えられませんが、身口意は、あなたの心がけで変えていくことができます。カルマの上塗りをしないためには、身口意に気をつけて生活していれば、カルマの重複を避けることができます。

霊界に到達するには心が平安であり、言葉遣いが優しく、行いが愛に満ちていることが必要です。

例えば、優しい言葉遣いで、電車の席を譲ったり、転んでしまった人を助けたりするとお礼の言葉を言われますね。これも良い結果を招く**「作用反作用の法則」**です。こういう心で、言葉遣いで、行いで生活していけば、天国への道は開けます。

これこそが、「開運の大法則」であり「開運の実践」です。

一方、自分の運命が良くないと思っているなら、自分の行い・言葉遣い・心がどうなのか点検して、気づいたところから地道に変えていくことをやっていきましょう。開運したいと思ったら、言葉遣いを変えたり、行いを変えたりすることです。

自分が意地悪な心を持っていると、意地悪をされます。これは「作用反作用の法則」が良くない状態で現れた結果です。意地悪な心は、意地悪な心や行いや言葉でお返しされます。「天に唾する」とは、まさにこのことを言っています。「身から出た錆」とも言いますね。

◉会社の運命

「会社は社長の器以上にはならない」というコンサルタントの言葉があります。いくら一流の経営手法を教えても、その社長が意地悪な人であれば、会社が意地悪されます。類は友を呼びますので、社員にも意地悪な人が集まります。するとその会社はどうなるでしょうか？　……先行きが危ないですね。神社にお参りして、お祓いを受けても、自分が反省していなければ改善しません。自分をお祓いしてはいかがですか、と言いたくなります。

運とは、自分の行い・言葉遣い・心が作り出している結果なのです。

成功物語の中に「逆境を逆手に取った」という体験談が多くあります。あなたが理不尽な仕事を押しつけられてしまった時、不平を言う前に、これはカルマ解消の絶好のチャンスかもしれないと思うと、物事が上手く運ぶ時もあります。思いがけない助っ人が現れて、楽に仕事が進むのです。やったことがない仕事でも、積極的に取り組んだ結果がご縁で、大手企業との取引に繋がった例が、カルマの解消と言えます。

個人でも、劣等感の強かった人が、ある時から身口意を改めていくうちに、幸せな結婚にこぎつけたケースもあります。介護の役回りになってしまい、夫の親の面倒を見ているあなた、もしかしたら、それはカルマの解消に繋がる役割なのかもしれませんね。想い一つ、言葉一つ、行い一つで、人生は劇的に変化していきます。このことは霊界から保証済みです。

◉カルマの解消は喜んでやり遂げましょう

「人が嫌がることを一年間真剣にやるだけ」でも、あなたの身の回りに起きる良い変化を感じるはずです。

神はカルマの解消について、法則通りに試練を与えます。

カルマ設定の大法則は次の通りです。

『神はその人に乗り越えられない試練は与えない』のです。

どういうことかと言うと、前世に犯した罪は、カルマとして生命体に記録されます。その記録に応じたカルマ解消のみを課されるのです。それ以上のカルマは課されません。それ以下になるようなカルマの割引もありません。神は完全に平等です。

過去に盗みの罪を犯したものは、今生で盗まれても、仕返しをしなければカルマは解消されます。盗まれたから盗み返すということでは、いつまで経ってもカルマは解消されません。カルマの上塗りになります。倍返しなどは悟りの境地からすれば、とんでもないことになります。

カルマの解消には、相応の反省が必要になります。それを**「悔い改め」**と申します。例えば、ものを盗まれたとしましょう。その反省の例として「ものを盗まれるような保管の仕方をしていた自分が悪かった。人様に盗もうという気を起こさせた自分に気づいていなかった。以後は、戸締りや整理整頓を心がけよう」と決心し、実行すれば、カルマは解消されていきます。これが、悔い改めの実践です。

開運の大法則『神はその人に乗り越えられない試練は与えない』ということを知ったなら、進んでカルマの解消に取り組み、さっさと明るい人生に乗り換えようではありませんか。別言すれば「苦しみよ、こんにちは！　私はあっさりと苦しみを乗り越えていきます」という気持ちで生きていくことです。

カルマを怖がる必要はありません。カルマは解消できるのです。

カルマは解消できない、一生背負うのだと怖がらせて、お金を巻き上げる連中には気をつけてください。

◉恋愛と結婚は、年齢性別にとらわれる必要はない

恋愛関係にある男女には、双方に競争相手がいることはよくあることです。一般的には、三角関係のトラブルなどの例に見ることができます。

お見合いでも、複数の吊り書き（身上書）と写真が持ち込まれることもありましょう。恋愛なら複数の異性があなたに声を掛けてくるかもしれません。声を掛けられなくても、想ってくれている人はかなりいます。あなたが気づかないだけです。逆に、好きな人が何人も現れて、迷ってしまうこともあるでしょう。

動物の世界では、複数の競争相手がいることは、優秀な子孫を残すために神が仕組んだ生物的な仕組みです。強いオスをメスが選ぶ生物行動は、ほとんどの生き物に備わっている本能。本能は、神が動物に与えた能力です。

しかし人間は少し異なります。
人生で出会う人は、男女関係に限らず、多くの場合、神のプログラムによってカルマの解消のために出会うことが一般的です。

前世でどちらかのわがままで結ばれなかった恋人同士が、今生で結ばれる場合もあります。双方ともわがままが強いので、お互いが譲り合って結婚生活をしていきますと、カルマは解消されます。

その一方で、前世で離婚して、今生でも事件を起こすような離婚をしてしまうと、カルマの上塗りになってしまう場合もあります。

前世と今生で男女が入れ替わって恋人同士となっている場合もあります。

前世が親で、今生が子供として生まれるという入れ替わりもあります。年齢の差が開いているご夫婦もおありです。それらはすべて、カルマの解消に向けた組み合わせになっていますので、とやかく言う筋合いはありません。

恋愛で悩むことも一つのカルマ解消です。それより、男女間に起きる問題にカルマが影響していることを知り、その解消や決着のつけ方が重要なのです。

たとえ別れるにしても、喧嘩しないで別れる方法を考えなければなりません。

喧嘩しないためには、相手のことを考える必要があります。社会的地位や名誉なども含めて考えることで、あなたの視野や人間的な幅が広がり、性格まで変わることもあります。別れるにしても、考え方一つでカルマを作らずに済むので、人生のゴール＝霊界に直行するために無駄になることはないのです。

働き者同士の男女が出会い、稼ぎの良い夫婦になったとします。その子も働き者、またその孫も働き者という具合に、働き者の家系が生まれます。

神は働き者を喜ぶからです。

沢山働くということは、多くの実りをもたらすと同時に、多くの付随的な働きによって周囲に働く波動を振りまいていきます。怠け者もそれを見て猛烈に働き出すかもしれません。ですから、神は地上生活で真剣に働くもの・懸命に働くものを支援するのです。職業に貴賤は無いのです。目の前の仕事に打ち込んでいるかどうかが問われるのです。

まさしく「天に満つるが如く、地にも満てよ」という神の計画を実現するのは働き者だからです。

人類が結婚する時、動物と少し違うのは、本能的な優劣で相手を決めるのではなく、カルマの解消のプログラムが働くことです。恋人同士には神の計画は見えていなくても、神からは恋人同士は丸見えです。

ですから、どの国でも結婚する時は「神に誓う」ようにできています。

◉結婚するも良し、独身も良し

現在ご夫婦の二人が、前世と今生では男女が入れ替わっている場合があります。前世でご主人が奥様をひどくいじめた時、それがご主人のカルマとなって残ります。前世のご主人はカルマを解消するために、今生は女性になって再び出会い結婚します。奥様としていじめられる役割を演じるのです。

前世で奥様だった人は今生でご主人を演じて、いじめるのです。これがドメスティックバイオレンス（ＤＶ）の背景です。残念ながらお二人とも前世の記憶は消されています。

DVが起きてしまった時、今生のご主人（前世の奥様）は、優しいご主人を演じて、今生の奥様（前世のご主人）を赦せば、このお二人は共同して前世のご主人のカルマを解消できます。

今生でDVが起きた時、奥様がご主人を虐げるとカルマの上塗りになります。なぜなら、前世のご主人の時に犯したいじめのカルマを今生でも強めてしまうので、さらに罪を犯したことになるからです。カルマを解消するために生まれてきたのですから、DV（喧嘩）になった時、「待てよ、これは神が与えた試練ではないか」と考えて仲直りの行動を取ることです。

結婚するかしないか悩んでいる人はどう考えたら良いでしょうか。

神は、その人のカルマを解消するように生まれた場所、その後の環境、出会う人などを整えています。ですから、あなたの人生は神のご意向に沿うように生きることです。

運命とは「自分の身・口・意とカルマの総和」ですから、結婚相手が現れたら結婚すれば良いのです。

しかし、素敵な人であって優秀な経営者でも、結婚すると、その人が背負っているカルマをあなたも一緒に背負うことになるかもしれません。初めのうちは上手くいっても、経営が破たんして借金を抱えることになったとします。結婚していますから借金は逃れられません。もしかすると借金返済があなたのカルマの解消だったのかもしれません。しかし、借金はコツコツと返すべきです。借金を返しきった時、あなたのカルマは解消されます。

先ほども申しました『神はその人に乗り越えられない試練は与えない』という大法則があります。すべての人にこの法則は当てはまります。困難や苦難に出会っても、真剣に乗り越える努力こそ大切です。目の前に起きることに真剣に取り組んでいけば、再び人間として苦しみを味わうことはなくなります。

◉家族の問題は解決するの?(夫と嫁と姑と舅)

雑誌や新聞の人生相談で、時々目にする相談内容があります。

超高齢社会になって、先立たれたご主人のお姑さん(お舅さん)を、奥様が介護するかどうかという相談です。大方の答えが、経済的に困っていない場合は施設に預けなさい、経済的に無理なら家を捨てて独立しなさい、という答えです。この世の経済法則に目を向けた解答例です。

表面的には、相談者たる奥様の意向に沿った回答ですが、本質的に問題解決していません。あなたもどこか釈然としない答えだと感じませんか?

一方、こういう状況はカルマの法則通りに起きています。

残された奥様のカルマの解消のために、お姑さん(お舅さん)が嫌われ役になっているのです。残された奥様は、この体験がカルマの解消であり、精神的に成熟して自分が死んでから霊界に直行する試練だと思って行動することです。

具体的には「まず気持ちを優しく持つこと」です。心に思っていることは、言葉や行動に出ます。するとお姑さん（お舅さん）は、優しい気持ちを感じ取って文句を言わなくなります。多少の時間はかかるでしょうが、お互いに気持ちが通い合うようになるのです。

すると、介護されている人は、優しくされたことによって安心して旅立っていきます。介護する人の成熟度合いが高ければ高いほど、別れの時期（カルマの解消）までが早くなります。

家庭内の問題でも、自分が先に気持ちを切り替えることによって相手の態度が変わるという効果を実感している人が、私の周囲にも大勢います。

◉体験した「カルマ解消」実例

二〇一四年、十二月二十九日、午前十時半、「意識レベル三百、血圧九十、脈拍五十九……」消防士の乾いた声が家中に響く。

この日の朝、うつ症状で二カ月間ほど寝込んでいる妻の部屋に、いつも通り様子を見に行ったところ返事がない。頬を叩いても目を開けない。その日の午前中まで開院しているかかりつけの診療所に電話。状況を伝えたところ、主治医は処方した薬が効かなかったことを認めました。二カ月間、投薬量が増えるに従い、自立歩行も困難な状態になっていました。

主治医のアドバイスに従い、即座に入院先を探しました。しかし年末でもあり、患者を新規に受け入れる病院はありませんでした。やむなく救急隊に連絡をした結果、冒頭の事態となったのです。

幸い、家から自転車で十五分ほどの病院が臨時に受け入れてくれて、即入院になりました。一月十四日まで、体内に滞留している薬品を出すだけの応急処置はできますとのことでした。

昏睡状態は越年し、正月三日に目を開けました。発熱もあり、意識はもうろうとしていたようです。担当医の話を総合すると、薬品の過剰投与が原因で、意識レベルが低下したとのこと。あいにくこの病院にはうつ病の診療科がないので、別途、病院探しが始まりました。

以前、妻のうつ病を診てくれた大きな病院を探し出し、当時の担当医がまだ勤務されていることもわかりました。救急病院を退院後、新しい治療が始まるまで自宅で一カ月半ほど待ちました。薬を投与しないうつ病患者が一カ月半も自宅にいるということで、結局、会社の役員は退任して看病にあたることになりました。

その後、車での通院が始まり十カ月ほど送迎をしました。通院を始めて二カ月目くらいから目覚ましく回復し、妻は自力でも通院できるようになりました。

この間の経緯を振り返ると、自分の心に真実の優しさが欠けていたのではないかという反省が繰り返し出てきました。この反省が深まると共に、妻の回復は目覚ましく、退院から二年半経過して海外の演奏旅行にも行けるようになりました。

この看病を通してわかったことがあります。

入院から看病、そして快方に向かう過程で体験したことは、自らのカルマの解消です。

それまでは、神を言葉の上でしか理解していなかったのではないかということです。「神は愛なり、愛は神なり」という言葉が、言語としては理解していても、自分の胸の裡《うち》（ハート）で実感を伴って理解できていなかったということです。

神のことを追究してきた私が、神をより一層深く実感するためには、必然として通った関門だったように思います。

自分のカルマのことはわからない、それが神の計画です。それでも自分自身が神の想い、神の計画を一層深く実感できるようになったと、今では断言できます。

ですから、家人の看病一つにしても率先して取り組むことです。神の実在を意識して看病に取り組んだ結果、妻は通常より早い回復を遂げたようです。

さらに、この地球は人類が神に還るために精神性を向上させる舞台装置だということが、一層深く感じられてきます。まさしく、「神はその人に乗り越えられない試練は与えない」ということを身をもって実感した出来事でした。

聖者方が、「この世は立体映画（３Ｄ映像）のようなものだ。その舞台上でそれぞれが名演技をしているように見える」と語っていたことが、思い出されてなりません。

◉学校・職場等で起きる問題（いじめ・パワハラ・セクハラ・不倫等）

本書で扱うテーマは、ある程度一般常識の範囲内の判断ができる方を対象にしております。もし、心の病に関する問題の解決の参考にされるのであれば、その分野の専門書をお読みいただきたいと思います。

社会生活全般を見渡すと、精神障害を患っている人を少なからず見掛けます。常習クレーマーや極端に短気な人、自己顕示欲の強すぎる人や自己愛の強い人などです。これらの方々の抱える問題解決には、基本的に本書の企画意図はなじみません。これらの人々の問題解決には、精神科医師・心療内科医師の診察をお勧めします。

●いじめについて

多くの場合、後天的な家庭環境に影響を受けている場合が見受けられます。親の愛情が欲しい時期に十分スキンシップが得られず小学校に入ると、スキンシップを十分に受けた子供と周波数が異なります。

小学校低学年のうちは自他の比較を強く感じますので、周波数の違いは好き嫌いの判断に繋がります。

自分の子供が加害者になる場合は、親の強い叱責や体罰が原因で、友達にそれらの行為を転写します。うちの子に限って……という気持ちになる保護者の方は、とくにあなたが原因者になっている場合がありますから、自分の身口意を十分チェックしてください。

それ以外の原因としては、カルマを背負って生まれてきた場合です。

今生のいじめっ子は、過去世のいじめられっ子。

今生のいじめられっ子は、過去世のいじめっ子。

この組み合わせは最悪です。大人のようには感情のコントロールが利きません。このカルマの解消には、大人が見守りながら、十分喧嘩させることです。双方が痛みを理解して、仲直りできるように導くのが、大人の役割です。

怪我をさせられたと、クレームを叩きつけるより、十分子供のしたことを勘案して、喧嘩の当事者の納得を引き出すしかありません。親同士が喧嘩しては、何も始まりません。


モンスターペアレントと呼ばれる社会的な困り者がいじめの背景に見え隠れすることもあります。親が原因を作り、子供が結果を負うという連鎖です。これが親の因果が子に報うという、仏教的な説明になって今日に至るまで残っています。

心の波形で申し上げれば「パルス波」の持ち主がモンスターペアレントです。触れるもの皆に心の傷を負わせる感情的な人の話を耳にします。こういう人は、悟りとは縁遠い人だなと思います。

対応の仕方は、「その人の頭上に、神我が輝く様をイメージすること」です。直接言葉で説明しようが、手紙を書こうが、「自分が可愛い」とか「自分がすべての中心だ」と思っている人に対しては効き目のあるはずがありません。

神は、こういう最後の手段を用意していますので、静かな時間に社会的困り者の頭上に「神我が輝く様をイメージすること」が最良の手段だと思います。

あなたの祈りが真剣で深ければ深いほど、早く結果が現れます。

その祈りの時に説得の思いや憎しみの感情が一切混ざってはなりません。純粋に真剣に、大きな愛の想いを持って、その人の頭上に神々しい光が輝いて、立ち直っている状況をイメージします。早ければ二〜三カ月で、性格も変わってくるでしょう。

上手くいくコツは、繰り返しになりますが「想いの純粋さ・真剣さ・愛の想念」を持って、強い光をイメージすることです。

◉パワハラについて

会社・役所・NPO・NGOなど、およそ組織と言われる人間集団には感情的な人もいるものです。ときには腫れ物に触るような扱いをしないと、組織運営ができない場合があります。ひどい場合には、組織運営がルール通りに行かなくなる弊害さえ出てきます。

そういう人の病理については専門のお医者さんや各種の心理士、心理療法士の判断を仰ぐことも必要です。

しかし、密かにそういう人を救済する方法があり、前項の最後に述べたモンスターペアレントに対する方法と同じなのです。

「助けたいと思う人の頭上に、神我が輝く様をイメージすること」です。その祈りの時に説得の思いや憎しみの感情が一切混ざってはなりません。純粋に真剣に、大きな愛を持って、その人が光に満ちている状況をイメージするのです。

石油会社を退職後、多くの社会的組織に参画して参りましたが、困難に出会ってもすべてこの方法で乗り切ってきたので、その極意をあなたにお伝えします。

キーワードは「大愛・純粋な祈り・真剣な祈り」です。

なぜこの方法が効くのか。それは、あなたの生命も、感情的な起伏の激しい人の生命も、皆同じ生命だからです。言葉は不要です。必要なのは、感情的になって損をしている人を助けることです。その人はカルマの法則に従ってあなたの前に現れているので、あなたが助ける必然性があるのです。

例えば、あなたの前に現れた人から逃れようとしても、お互いのカルマが解消されないと、その人から離脱することはできません。仮にその人から逃げられたとしても、その次にはもっとひどい感情の起伏を持った人が現れてきます。どうしてかと言うと、前の人から逃げた分のカルマが上乗せされてきてしまうからです。

カルマの解消は早いうちに片付けてしまわないと、後の人生の時間がつまらなくなります。

「若いうちの苦労は、金を払ってでもしなさい」とは、私の亡き父の遺訓でもあります。カルマの解消をしている当事者同士でもないものが、横から人助けだと思って神我の祈りを捧げても効き目はありません。余計なお節介にしか過ぎません。それよりも、自分の頭の上の蠅（自我丸出しの意識）を追い払ったらいかがですか？　と言いたくもなります。

二・お金や事業・財産について

お金について、神はどのように見ているのでしょうか。

◉お金の有る無し、は自分の鏡

お金に働く法則を解説します。
お金は結果です。原因は自分です。
お金は、与えれば与えるほど還ってきます。
お金を追い掛ければ追い掛けるほど逃げていきます。

まず、イエス・キリストが神殿の前で両替商の銭盆をひっくり返した故事から学べることがあります。

イエス・キリストがひっくり返した銭盆は、載せていた両替用のお金を含めて外なるものの象徴だったのです。ただその場所が神殿の前であったので、神（裡《うち》なるもの）

を祀る神殿の前で、お金で＝外なるもので神を汚すなと、怒ったのです。その意味は、外なるものより大切なことは、裡《うち》なるものであるということです。しかし、イエス・キリストが言いたかったのは、外なるものの否定ではありません。

その後に、「外なるものは賢く使え。しかし、外なるものより、裡《うち》なるものはさらに重要である」という説明を加えています。この地球上で生きているうちに、自分の裡《うち》に神を見出すまでは「生ける神、の宮」たる自分の肉体を維持する必要があります。それには、多少のお金は必要だからです。

つまり、儲けたお金は大切であり、賢く使いなさい。それよりも、生きているうちに霊界に（天国に）還る努力はさらに重要であると言っているのです。

お金儲けに夢中になり、十分お金持ちになったある商人が、聖者方に「自分は悟れるか？」と尋ねました。その時、聖者方は悟りについて「富める者は、ラクダが針の孔を通るより難しい」と嘆いています。

◉お金は無くて悲しむものではなく、あって喜ぶものでもない

「お金は、大事である。しかし、それよりももっと大事なことがある。それは神を実感することである」

お金の有る無しは、多くはカルマに依存しています。前世の金持ちは、今生の貧乏を味わいます。今生、貧乏で苦労している人は、前世の金持ちの時の反省をしている人、という場合が多々あります。世界に名を馳せる有名人が多額の寄付をするのは、世間的な批判を避ける以外に、自分の裡《うち》なる良心の呵責《かしゃく》に耐えかねて、寄付することになる場合も多いようです。

良心の呵責こそ、神の心の表れです。神は「絶対善」が本性なのです。

ですから、お金があるからと言って、喜ぶべきものでもなく、そこから何を学び取ったかの内容が問われます。

反対に、貧乏だから辛いのではなく、貧乏を体験してそこから何を学んでいるかが問われるのです。

貧乏や金持ちは一時の状態です。状態が改善すれば、逆転することもあります。

金持ちや貧乏という状態は、この世の学びのためにあります。

肉体を去ると同時に、お金がない高い波動の世界に入るので、お金は頼りにはなりません。この世でお金が見えるうちに「お金から何を学ぶか」の方がはるかに大事なのです。

金銭哲学という言葉があるくらい、お金は精神性の学びの優れた手段です。

それが、冒頭に申し上げた「お金は、大事である。しかし、それよりももっと大事なことがある。それは神を実感することである」という言葉の真意であります。

この世のお金の有る無しには囚われるな、と申し上げたいのです。聖者方があなたに注意することは、小見出しにもあるように「お金は無いから悲しむべきものではなく、お金があるからと言って喜ぶべきものでもない」ということです。お金が無い時は、お金を使わなくて済むように工夫し、お金がある時は、賢く使えと諭してくれています。

お金が無い時に神に「お金を稼げるようにしてください」と拝むことは、お金を拝んでいるのです。神を拝んではいません。神に祈りを捧げてもいません。それでいて、お賽銭を投げるとは何ともったいないことかと神は嘆きます。聖者方が言うには「神はあなたの裡《うち》におられますので、お賽銭はあなた自身に投げたらどうですか」と。

「私は神そのものであります」という祈りが本当の祈りです。その祈りこそ「神の実感」を得る祈り方なのです。

金持ちになるようにという直接的な祈りでは、金持ちになりません。なぜなら「金持ちになりますように」という言葉には「否定の意味」が含まれています。すなわち「……になりますように」ということは、現時点では「……ではない」ということを意味しているからです。

つまり「金持ちになりたい」は、「今は金持ちではない」ということを言っているのと同じです。今の連続が未来を作りますので、金持ちにはならないのです。これを仏教では『「なろう」は「ならず」』という短い言葉で諭しています。

神に祈ることの大事さは、次のような言葉が証明しています。

「神は、あなたが必要としているものを、あなたより先にご存知です」

あなたにお金が必要な時、自然に資金の出資者が現れたり、融資を受けられたりする場合は、神は既にその前からご存知だということです。

偶然はありません。すべては必然なのです。

反対に、希望する資金援助が得られない時は、まだ機が熟していない時だと、気を取り直して目の前のことに集中した方が突破できることもあります。

最大限、自分がやるべきことをやってから神に祈ると、神は願いを聞き入れてくれます。やることもやらないで、ただひたすら神に祈る愚を止めよ、と聖者方も述べています。

◉「金欠病」という病気

前世とは関係なく、お金が無い時は「金欠病」です。怠けたり、偽ったり、騙したり、を繰り返すと、金欠病になります。神は、嘘偽りのない世界に住んでいますから、このことは絶対に忘れてはなりません。

「商売をするには、偽りがあってはならない。騙したり嘘をついたりしてはならない。互いに誠実に、仲良く暮らせ」という教えを聖者方が述べています。これが、お金に過不足なく暮らす根本原理です。

自治体・教育の現場・企業や病院など、およそ組織と名のつく集団で起きている不祥事は、嘘偽りの塊です。「嘘つきは、泥棒の始まり」とは、よく言ったものです。

◉病気なら「治療が可能な金欠病」

金欠病が病気ならば、治療方法があるかどうかが気になります。

結論を言えば「金欠病の治療方法はあります」。どのようにして治すか、ここまで読み進めてこられた方は、大方察しがつくのではないでしょうか。

そうです。身口意を正すことです。

行い・言葉・思いが常に前向きで、明るく正しいことが、治療方法です。つまり、自分の中に湧いてくる思いがすべての基本になります。思いの上に言葉が出てきます。その思いと言葉に行動が伴います。「想念は実現の母」という言葉があります。自分が思っていることが、そのまま現実になる・実現するということです。

「想念」という言葉を誤って使っている人が多いかもしれません。想念と言うと、何かの心象であったり、考え方だったり、思想のような、抽象的なもののように思っていませんか?

実は想念とは「創造の力が働く過程」のことです。

金欠病を治したい↓「自分は金持ちだと思う」だけでは想念ではありません。

金欠病を治したい↓「今日も明るく一生懸命働こうと決心」↓「懸命に働くこと」が想念の本当の意味になっています。神を拝んでいれば金が入るとか、神を想っているだけで金持ちになれると勘違いしてはなりません。

「想念は実現の母」とは、「神を想い、すぐできることから実行に移す」ということになります。従って、金欠病の治療法は「神を信じ、神を想いながら、目の前の仕事を懸命にやること」なのです。何だ、当たり前じゃないかと思うあなた、その当たり前のことが自信を持ってできていると言えますか？

「懸命にやる」とは、命を懸けると書きますね。文字通り、命を懸けて働くことなのです。必死にやるとも言いますね。必死とはどういう文字ですか？　必ず死ぬと書くのです。そういう覚悟（必死）で自分の仕事をしているでしょうか。創意工夫をしているでしょうか？　改善策を考えているでしょうか？

勘違いしないでください。必死に働いて自殺しろと言っているのではありません。あらためて、自分自身の心の中を総点検してください。その点検の中で、怠け心がひとかけらでも残っていないか、自分を甘やかしていないか、「心の見直し」をしてほしい。このプロセスこそが神への入口になります。同時に金持ちへの入口にもなるのです。

ソロモンの財宝を遺した聖ソロモンは、「盃が満たされるまでその手を降ろさなかった」と言い伝えられています。お酒が満たされるのを待っていたわけではありません。霊力に身体が満たされる＝身体という盃に霊力が満たされるまで、神に祈ったという意味です。それが達成されたので、ソロモンは「聖ソロモン」と呼ばれるようになったのです。まさにソロモンに学ぶべし、です。

世の中では働き方改革が叫ばれていますが、その前に取り組むのは、自分の心のあり方なのではないでしょうか。神は働き者です。神ほどの働き者はおりません。その神の世界に入る資格の一つが、真の働き者であることです。

◉事業の成功・不成功

年齢性別を問わず、会社経営をしている方、起業して独立している方、あるいは起業準備中の方々も、様々な問題に直面していると思います。

私も石油会社を退職する前、妻と中学生の娘の三人暮らしでした。当然娘の進学問題がありますので、住宅ローンの返済と併せて資金計画を立てなければなりませんでした。個人事業主とは言え、社会的な責任は、すべて自分の責任として自分に降りかかってきます。

しかし、自分の頭でいくら考えても、将来のことはわかりません。一つだけわかったことは、今努力を続けていけばその後ろには道ができる。それが実績ということなのだと理解しました。それからは、先のことを考えるより「今、やるべきこと」を最優先で実行することにしたのです。

その結果、会社在籍二十三年間と同じ、退職後二十三年間が経過した現在、過不足なく生活できているのです。

カルマの刈り取りで、大成功を収めたり、その逆であったりする人がいますが、大法則「乗り越えられない試練はない」ということを念頭に置いて、懸命に毎日の仕事を続けていけば、神は必ずゴールを用意して待っていてくれます。

可能な限り、自分でできることはやってから、「神に全託する」ことです。

神を信じ、神と共に生きることを決心したものを、神は見捨てることはしないからです。「神に全託する」とは、「人事を尽くして天命を待つ」という意味になります。

あなたのしていることは、神はすべてお見通しです。なぜなら、あなたの胸の裡《うち》という最深部に神が宿っているからです。あなたの手や足よりも近くにいるのですから。

日々の仕事に真剣に取り組むと共に、真実の明想（瞑想：第7章）を続けていくことです。決してパワースポット巡りをすることではありません。

◉動機が正しいか、方法が正しいか、決心が固いか

ここで、時々尋ねられることを、Q＆Aの形式でご紹介しますので参考にしてください。

Q：瞑想をしているのですが、一向に変化が起きません。

A：（筆者）どういう動機で瞑想を始めましたか？

Q：お金が稼げる会社にしたい一心です。

A：それは、動機が正しくありません。神はお金のことには関心がありません。神の関心事は、神に近づく努力をしているかどうかです。

Q：経営と神は、直接関係しているのですか。

A：神は、経営よりもその経営する人を見ています。神の忠実な僕《しもべ》であるかどうかです。その経営者が神に近づく努力をしていれば、神はその人を見放すことはありません。

Q：神に近づくことですね。

A：もう一つ大事なことは、方法が正しいか、ということです。神はその人が必要としているものを、その人が気づく以前から用意して待っています。ですから神に近づけば近づくほど、神の用意したものに近づけます。神に近づく努力をする人は、失敗が少ないのです。神を拝むなら、「お金をください」ではなく、「私は神の許に参ります」と拝むことです。

A：さらに言うなら、あなたの決心が固いかということです。会社を良くするぞ、という決心ではないのです。

Q：わかります。神に近づく努力をすることの決心の固さですね。

A：その通りです。

テーマを整理しましょう。

「動機は神に近づくと定めること」

「神に近づく努力を維持すること」

「何が何でも神に近づくぞと決心すること」そして「それが固い決心であること」

これらを日々の生活の基礎とします。その上で経営者としての日々の仕事に励むことです。その結果は神が用意してくれるのですから、心安らかに会社経営ができるのです。

お客様からクレームがきても大丈夫です。クレームの内容に沿ったコミュニケーションと行動が取れます。神を信じて任せるなら、あなたの口から出る言葉は神の言葉、あなたのお辞儀や挨拶は神の行動です。心から神だと思っていると身口意はすべて神の影響による結果が出てきます。

あなたがやるのではなく、あなたに内在している神がやってくれるからです。

三．地上天国の意味を知る

◉地球の平和を願うなら、「愛は吸引力！」

会社という組織を束ねたら、余裕の心が生まれます。精神的な余裕ですね。会社運営が上手く回り始めたら、気持ちは安心感に満たされてきます。これが「天国の気持ち」です。肉体を持ちながらにして、安らかで波風が立たない平安な感じこそ天国の境地です。あなたは今、地上にいますが、気持ちは天国ですから、これを「地上天国」と言います。

あなたが地上天国の状態なら、神を実践していることになります。気持ちが平安で愛に満ちていれば、神の性質を表しているわけです。あなたが神ならば、あなたは神の愛＝大愛そのものです。

愛は吸引力ですから多くの人が寄ってきます。類は友を呼びますから愛に満たされた人たちが集まってきます。地上天国が強化されていきます。そういう人たちが集まって愛の祈りを捧げると、愛の波動が広がっていきます。

地上の平和を祈れば、平和を呼び戻せるのです。「愛はすべての原点です」とは、「神はすべての原点です」ということに他なりません。

地上天国は、多くの人が自分の中におられる神（生命・大愛）に気づいて、それを表すことで実現できます。

結局、子羊とライオンが共に暮らせる世界が実現するのです。子羊とは創造主が個別化してあなたの裡《うち》に宿っている「神我」のことです。ライオンとはあなたの「自我」です。

自我が神我に勝つのではなく、神我が自我に勝つ時代になります。子羊がライオンに勝つ時代です。そんな馬鹿な！　とおっしゃる方は、自我の使いすぎで心が休まることはないでしょう。心の安らぎが欲しいなら、ライオンとして生きるのではなく、子羊として生きることです。

その根本は「大愛」です。

第7章　悟りへの道案内

一・正しい明想（瞑想）を心がける

◉明想の実践＝心の清らかさと動機の正しさが根本

初めに、文字の使い方について、お断りいたします。通常、「瞑想」という漢字で表記しますが、本書では、これ以降**「明想」**という漢字を使っていきます。その理由は、「神の世界は光そのもの」でして、光は明るいからです。通常使われている瞑想は「目を冥（暗く）する」、そして想うという意味なのです。

明想とは、光への一心集中です。
神への一心集中です。

初めは違和感があるかもしれませんが、言霊に従って「明想」という漢字を使っていきます。

あなたが、なぜこの世に生きているのかは、前にもご説明したように、「前世において霊界に入れなかった（悟りに至らなかった）から」です。霊界に入っていたら、この世には生きていません。

では、明想がなぜ大事かと言うと、明想をせずに霊界に入った人はいないからなのです。明想ができない人は、霊界に入れません。明想は肉体を持ちながらにして霊界の波動を体感することです。**明想は、霊界に入る唯一の方法であり手段だからです。**

さらに大事なことがあります。
明想に臨む「心の清らかさ」と「動機・目的の正しさ」です。

「心の清らかさ」とは、神のみを想い、神を敬う敬虔な心という意味です。

「動機・目的の正しさ」とは、神そのものを目指す、という意味です。お金が欲しいとか、地位や名誉が欲しいということの世のことを達成することが動機や目的であってはなりません。神は、心の純粋なもの、動機や目的の正しいものの願いを聞き入れるからです。人生の目的が、お金や地位や名誉であっては霊界に入れません。神と共に生きることが霊界に還ることだと、あらためて強調しておきたいと思います。
霊界に還るということは、この世のわずらわしさから解放されることとも言えます。霊界では、お金の奴隷になることもなく、人間関係の苦労もない平安な生活です。何しろ肉体がないので、身の回りのことをする必要が無いのです。

心の清らかさと、動機や目的の正しさで、この世から卒業できるように生きることが、本当の人生の目的であります。

◉明想に入る前の大事な注意事項

明想が大事だと言っても、その危険性についても知っておいてください。これからお伝えする方法なら、どなたでも安全に明想ができます。

〈明想の危険性について〉

明想中に、何かが見えたり、聞こえたりしたらそれは真の明想ではありません。目をつぶっているのに何かが見えたり聞こえたりすることはありません。もしそのようなことがあったなら、即座に明想を中止します。もしくは、後ほど述べるマントラ（真言）をはっきり唱えて、肉体波動に近い幽界と縁を切ることです。

そうでないと、幽界の波動に入ってしまい、抜け出るのにかなりの転生を繰り返さなければならない羽目に陥ります。幽界には五官の影響（カルマ）が残っていますので、再び人間界に戻ってしまうのです。

インドでもアーユルヴェーダでは「パンチャカルマ（五官の浄化）」という、カルマを切ると信じられているオイルマッサージ法が現在でも伝わっています。古代から、カルマの浄化は大きなテーマだったのです。

しかし、オイルマッサージでカルマが切れるなら、とっくに多くの浄化された魂の持ち主が、この世に溢れているはずです。オイルマッサージは、美容には良いかもしれませんが、見えないカルマを切る手段としては正しい選択ではないと思います。私がインドで体験した結果で判断しています。

明想中に見えたり聞こえたりする、ということは五感に影響されています。五感は目・耳・鼻・舌（口）・身（皮膚・触感）の五つの感覚器官に属します。この五つの感覚器官はすべて肉体に属しています。

その五感の波動を引きずっているのが幽界です。

幽界に引き込まれると、離脱するのに人生を何度もやり直さなければなりません。それほど幽界の波動は肉体に近いからです。この本でも幽界に触れるのは、説明に必要な最低限度に抑えていますが、その理由は、幽界に意識を向けてはならないからです。

霊界では、この五つの感覚器官は通用しません。霊界で通用するのは意識のみです。ある人に会いたいと思っただけで、即座にその人が現れます。あなたの神を受け容れる能力と、神への深い理解のみが霊界では必要とされています。

霊界こそが目指すゴールです。間違えて途中下車しないように、意識を神に集中することです。と言っても、頑なに神にこだわると心が不自由になります。あくまでも平生から神を想っている状態を維持すれば良いのです。

一度、神意識が定着すれば、それを維持するのに何の努力も必要ありません。神が定着しているからです。明想にもすぐ入れるようになります。

◉呼吸法では高波動にならない

ではいよいよ推奨する明想についてご説明します。

あなたの肉体で、意識的にコントロールできる臓器や手足などに集中することは、明想の妨げになります。意識を集中していく時、一番安全な集中する対象は「心臓の鼓動」です。

一般的な瞑想法の導入では「呼吸に意識を向けて……」と教えています。しかし、呼吸は自分の自我意識でコントロールできてしまいます。呼吸に意識を向けるということは、肉体に意識を向けていることになります。

筆者の体験をご説明します。

聖者方と明想の入り方についてお話ししていた時に、『私は心臓の鼓動に意識を向けています。すると、胸の左ではなく、胸の中央に鼓動を感じます。この状態でよろしいのでしょうか？』とお尋ねしました。聖者方も『私も、胸の中央に鼓動を感じているよ』とおっしゃいました。

これこそが「創造主のハートの中で、あなたのハート（心臓）を合一せしめよ」という聖句の実践が確認できた瞬間でした。イエス・キリストが「万軍の主のハートの中で、あなたのハート（心臓）が鼓動しているさまを観《かん》ぜよ」と語ったことと同じです。

あなたは、あなたのハートが神のハートと一体だと理解し、イメージして、神の許で安らぐようにします。その時あなた自身は、まさに霊界という高波動の状態にいることになります。

ハート（心臓の鼓動）に意識を集中し、何も見えない・聞こえない世界を実感するように努力することです。霊界の高波動の体験をしていますので、肉体を去っても再びこの浮世（憂き世）に舞い戻ることはありません。

◉安全な明想は心臓の鼓動に集中し、忘れること

では、心臓の鼓動に集中するにはどうするかを申し上げます。

まず、手の位置は図のように両手を左右の膝の上に置いても良いですし、丹田（おへその下あたり）で手を重ねても構いません。次に、軽く目を閉じます。そして軽く呼吸を止めます。心の中で十くらい数えていると息苦しくなり、全身に心臓の鼓動（脈動）が感じられてきます。そこで、呼吸をいつも通りに戻しますと、心臓の鼓動のみが感じられます。ハートに意識を集中し続けます。

しばらくして、心臓の鼓動も忘れることです。その間、何も見えない、何も聞

明想に入る時は、心臓の鼓動に意識を集中する

こえないように意識を静かに集中させていきます。その状態が「霊界への入口」、すなわち平安な状態です。その状態を維持していれば、良い明想状態と言えるでしょう。

最初のうちは五分くらいから始めます。次第に慣れてきたら徐々に長くしていきます。明想する人の生命エネルギーの状態にもよりますが、三十分連続できれば、日常生活に大きな変化が出てきます。物事の運びが円滑になり、友人との関係が変わっていきます。疎遠になる人・新たに知り合う人など友人の入れ替わりが始まります。

これが、運命を変えていく原動力になります。

しかし、運命を変えようとして明想してはならないのです。明想の目的は、あくまでも「神との合一」に限ります。なぜなら、「運命を変えよう」というのは自我の働きで欲望になります。神我には欲望は関係ありません。「欲望はヤミ」「希望は光」ですから、霊界に入るには光の想念が必要とされています。神我とは「我神なり」という性質しかないからです。

◉無我の境地を知る

胸の中央に心臓の鼓動が感じられたら、次は自我のコントロールです。自我が活発な時、神我は沈黙します。自我が沈黙した時、神我は活動を始めます。神我が現れた時、無我の境地となります。文字通り「自我が無い」境地です。

一般的には、「自我を抑えなさい」と指導します。しかし、抑えよう抑えようとすればするほど自我は活発になります。それは、自我を抑えようとすることは自我に集中することになるからです。晩御飯のおかずは何にしようか？　子供は宿題やったかな？　などとこの世のことを考え始めたら、それは自我になります。

また、何か心配事や悩み事が解決しないので、明想によって心を平安にしようとする人もいます。でもその方法では、心に平安は訪れません。

心が平安な時に、明想することが真の明想になります。言い換えれば、この世のことは一度忘れて、仕事も一区切りつけて、心を明想できる環境に切り替えてください。この世のわだかまりに一区切りつけることが、明想の準備になります。その上で、明想を始めるようにしてください。

何も見えない、何も聞こえない、何も思い浮かばない状態が維持できなければ、真の明想にはなりません。

ではどうするか。

自我を抑えるのではなく、神我を心に持ってくれれば良いのです。

神我になろうとするのではなく、「自分の本質は神我なのだ！」と心に言い聞かせるのです。

仏教の言葉に「なろうは、ならず」という教えがあります。なろうなろうとするということは、「まだ、なっていない」という否定の意味が含まれています。祈る時「なろう」ではなく「なった」あるいは「なのだ」と完了した気持ち、断定する気持ちで祈ることが必要です。

二・自我を黙らせる秘密の言葉

◉マントラ（真言）とは何か

一般的にマントラは「真言」と翻訳されています。密教でも加持祈祷の時に唱える特別な言葉を意味します。真言陀羅尼《だらに》と言われることもあります。そんな難しいことはさておき、明想中に、自我を黙らせる簡単な言葉をお伝えします。

それは、「我神《われかみ》なり」です。神という言葉がしっくりこないなら「我大愛なり」「我大生命なり」でも構いません。とにかく、自分が自我をきっぱり否定できる高波動の言葉を使うことです。

イエス・キリストが完全に悟る直前に、曠野《あれの》を彷徨う場面が聖書にあります。有名なサタンの誘惑です。「白い豪邸を与えよう。国王という地位を与えよう。一生困らない財宝を与えよう」などという幽界からの誘惑です。幽界が特別な場所にあるのではなく、心が迷いの状態にある時に、自分の心が作り出してしまう心象（イメージ）のことを幽界とも言います。

四十日間、曠野を彷徨った挙句に、イエス・キリストがきっぱりと断言した言葉が「汝、サタンよ、我が後ろに下がれ！　我は、大霊なるぞ！」という決意溢れる言葉です。サタンを一喝した有名な大宣言です。まさにナザレのイエスがイエス・キリスト（神我）になった瞬間でした。

因みに、イエス・キリストとは、「キリスト＝『神我』を得たイエス」という意味です。文字通り、神我とは、「我神なり」というマントラで得られる本当の自分なのです。

日常生活で、迷いが出たら「我神なり」と自分で自分を叱るくらいの覚悟ができれば、あなた自身は、神の世界に直行できるようになりましょう。自分で自分を叱れるようになったら、自分に迷いが無くなっていることに気づくでしょう。

是非、平安で安全に生きることができる神の世界を実感してください。

難しい修行はいりません。あなたが意識をどこに向けて生活するか、だけのことなのですから。決して見える偶像を拝むことではありません。あなたの意識を神に向けるだけなのです。神は見えませんけれども、実在するからです。

自分が神を意識している時は「神意識」です。「霊界」にいます。

自分が人間を意識している時は「人間意識」です。「この世」にいます。人生の目的を果たすには「神意識」であることが条件です。なぜなら「神の国から出てきて、神の国に還る」には、人間では戻れないからです。

●「通りゃんせ」とは

子供の遊びに歌われている「通りゃんせ」にも、神の国に還ることが歌詞となっています。

まず「細道」とは、天神様の国に還ることは難しいということの例えです。道を踏み外さずに歩む努力が必要だと言います。

「御用のないもの通しゃせぬ」と、神を敬わないものは通さないという条件が示されています。

「この子の七つのお祝いに」は「七つのチャクラ（七つの天門）が開いた時に」、七天に還る（神の国に還る）ということです。

「行きはよいよい」は、生まれ落ちてくる時は容易だけれども「帰りはこわい」、つまり神の国に還ることは手強い＝生半可ではできないと言っているのです。

でも最後に「こわいながらも通りゃんせ」と、神の国に還ることを励ましているのです。

通りゃんせ　通りゃんせ
ここはどこの　細通じゃ
天神さまの　細道じゃ
ちっと通して　下しゃんせ
御用のないもの　通しゃせぬ
この子の七つの　お祝いに
お札を納めに　まいります
行きはよいよい　帰りはこわい
こわいながらも
通りゃんせ　通りゃんせ

子供のころに歌っていた歌が、このような深い意味を表していたことは、今ではほとんど理解されていません。この世の物質的な見方では、この「通りゃんせ」という歌は到底理解できないでしょう。

◉自分の本質が判る時

明想を続けていると、日常生活でも様々な誘惑があります。

それこそ地上の生活は、魅力的な異性はいるし、美味しい食事やお酒もあるし、様々な国々へ旅することもできます。楽しいことを実現しようとすれば、かなりのことができますね。お金儲けも可能です。その楽しいことが次々に起きるように計画を立てて実行しているのが人間の生活や人生だと思っていませんか。

しかし、そのすべては見える世界の出来事です。たとえ文化的なことであっても、見える世界に属します。あるいは、勉強を重ねて多くの発見や発明を成し遂げても、それはあなたの肉体的死をもって終わります。

神の世界には、人間の知識では入れません。神の世界に入るには、神に対する深い理解力と神を受け容れる能力が必要だからです。

でも、肉体という衣装は使えば衰えます。「形あるものすべて滅す」だからです。体力が衰えて、思うように行動や思考ができなくなる時、あなたは何を感じるでしょうか？

人生を全うしたとしても、見える世界にのみ生きていたならば、今生の人生において、魂は霊界に還るための進歩がなかったことになります。

神を意識し、神との一体感が自覚できた時、年齢性別・学問の有る無し・門地門閥・血縁地縁に関係なく、あなたは霊界への一歩を踏み出しています。神から与えられている機会は、すべての人に完全に平等です。神を意識したもののみが達成できます。それは、死の寸前まで続けることができます。

たとえ極悪非道の限りを尽くした悪人でさえも、自らの行いを心の底から悔い改めて神の赦しを得たものは神の国に還ります。

身体が、死の兆候を示したり、苦痛を感じたりした時は、マントラである「我神なり」「我大生命なり」を、声を出さなくても心の中で繰り返し唱えることです。やがて、身体は回復することでしょう。その時、心も進歩しているのです。

大病を患った人が、病の淵から生還した時、身体はもとより心持ちや性格まで変わっている様を見掛けます。生死の境目を体験することは、自分の意思を超えた大いなる存在を学んだことになります。

そのような苦しい体験をしなくても、「我神なり」は、あなたを内側から支える心棒なのです。この言葉（マントラ）の重大さを是非知ってください。神意識を定着させるには、この章だけでも何度も何度も繰り返して読むことをお勧めします。

自分の霊的な進歩は自分ではわかりません。例えば、花は咲いても、花の美しさは、花自身にはわかりません。花が自ら空中に醸し出す香りを、花自身はわかりません。霊的な進歩には、このような自らに対する謙虚な心構えが必要です。

「自分は他の誰よりも進歩しているぞ」とか、「しめた、私の方が霊的に進歩しているわ」というような自己満足・自己評価の心の状態では、神の国には入ることができません。他人との比較は、外の世界を見ていることになります。「外を見るな、裡《うち》を観よ」という聖者方の教えが、真実の自分、すなわち神を観ることの大前提になっています。

あくまでも、見えない神を敬い、見えない神に誠を捧げることに力を注ぐことこそが、あなた自身の霊的な進歩を助けてくれます。これを**「霊性の進化」**と言います。進化していく過程で、魂が熟していくのです。その結果、外見は円熟した穏やかな人格者として映ります。神から愛される人となるのです。

人間同士が愛し合うのは、神を愛することにも繋がります。

愛する相手の人にも神は宿っています。相手を愛すると共に、相手に内在している魂をも愛することです。相手の魂をも愛するならば、喧嘩の起こりようもありません。

「あなたは私であり、私はあなたそのものです」と言えるようになります。

これが「あなたのものは私のもの、私のものはあなたのもの」というイエス・キリストが述べた聖句の真実の意味です。決して物質のことを意味して「もの」と言ったのではありません。

「あなたは私であり、私はあなたそのものです」という言葉は、あなたの体内の細胞に例えることができます。肉体は細胞でできていますが、細胞だけが生きていれば、はたして身体は生きられるでしょうか。

身体全体を統制している大生命が必要です。あなたが見ている身体が大生命の器です。細胞はその中に生きる個人個人です。細胞一つひとつは相互にネットワークを維持して機能しています。腕を曲げる筋肉が働き出すと、血流が増えて、腕を曲げる動作が完結するまで酸素と栄養を送り続けます。筋肉細胞の一つがあなたであり、その筋肉細胞が何千個と集まって一つの働きをします。人体全体を統制している生命のエネルギーが細胞一つひとつにも満ちていなければ、筋肉はその役割を果たせません。

日々の生活を送っていて一人で完結している物事は皆無なのです。食事をいただくにしても、生産する人、加工する人、運ぶ人、販売する人、調理する人など、何百人・何千人という方々にお世話になっています。

一人で生きているというのは錯覚です。多くの人々の相互の支えで、お互いが生きていられるのです。一人は皆のために、皆は一人のために！

◉もう一度、結婚とは何か：「結魂」

結婚とは本来「魂が結ばれる」という意味で「結魂《けっこん》」と書くことではないかと思っ

ています。「女が黄昏《たそがれ》る」という「婚」では、悲しいですよね。お二人が互いの魂まで見つめ合って結ばれるならば、文字通り「神の永遠の愛」を誓うことになります。ですから、どこの国でも「結魂式」は神の前で永遠の愛を誓うのです。結婚とは「魂」同士の誓いなのです。

相手の行動や、姿形を見ているから、気にくわないことが目に入るのです。肉眼に映る物事は、仮相です。離婚を考えるあなた、結婚を決意した時をもう一度振り返ってみる必要があるのでは……。英国の諺にも「結婚前は両眼を開いて見よ、結婚したら片目を閉じろ」という含蓄に富んだ言葉があります。

◉外を見るな、裡《うち》を観よ

見えない魂＝実相を見るには心眼が必要です。

心眼を開く訓練をする機会は、現在の日常生活では少なくなっています。情報機器はすべて画面を通して見ています。情報は瞬時に変化して止まない性質があります。外側ばかり見ているから、心が亡くなるので「忙しい」の「忙」の文字ができています。外側の変化ばかりを追い掛けていると、自分自身がわからなくなります。それが、ノイローゼ・不眠・うつ病・自殺と連鎖する社会病理でもあります。

再度自分に、根本から「自分は誰なのか？」「自分はどこから来て、どこへ行くのか？」という命題と真剣に向き合う時代になってきています。心に余裕が無いと、人生にゆとりが無くなります。

神に向き合うには、「汝の密室にて祈れ」という聖者方の教えを実践する必要があります。祈りとは「神への一心集中」のこと。祈りは明想と同じです。明想も神への一心集中です。何も見えない、何も聞こえない、何も思い浮かばない状態は、姿形無き神を想うことと同じになります。

座禅でも明想でも人が集まって行います。その危険性も指摘しておきましょう。あなたの波動はあなたのもの。他人に合わせる必要はありません。集まる直前まで喧嘩していた人が、座禅や明想に来たとします。その波動は周囲に伝わります。すると、その場が乱れます。静かに神を想う場が乱されては時間も費用も勿体ないものになります。

低い波動と高い波動は合いません。科学的にも周波数が合わないものは同調しないからです。同じテレビでも「地デジ放送」と「ＢＳデジタル放送」では見えるものが違いますね。それと同じです。その結果が「類は友を呼ぶ」という諺になっています。

重要なことですから繰り返します。

「汝の密室にて祈れ」という聖者方の教えを、頑固に貫いてください。その結果得られるものは、神との一体感という蜜よりも甘い果実です。是非、自分の本質が神だったと実感できるまで明想を続けて参りましょう。

◉「私」と言っている「私」とは誰のこと？

毎日の生活で、あなたは自分を指す言葉として「私」と言います。通常は「私」と言うと、はかなき肉体の自分を指して私と呼んでいますね。

今まで述べてきた内容が真実なら、「私とは、神そのもの」だということに気づいている方もいらっしゃるでしょう。

そうなのです。私とは神のことです。

筆者も見える世界の仕事もしていますので、普通は自分の名前・肉体を指して「私」と言っております。しかし、ひとたび一人になった瞬間、「私は神そのもの」と切り替えています。この切り替えの早かった方がイエス・キリストなのです。弟子たちと旅をしている時は、肉体人間を相手に話していますので、人間としての言葉を話していました。次の瞬間には、元々の神たる自分という心の状態に切り替えていたのです。わざわざマントラを唱えたりする必要はなく、心を神に向けて切り替えるだけのことです。これなら、あなたにもすぐにできますね。

私は神だと自信を持って言い切れるなら、簡単に切り替えができます。

自信が無いなら、自問自答を繰り返すことです。「私は神か？　人間か？」という自問自答です。決して誰かに聞いてはいけません。何も知らない人に「私は神ですか？　私は人間ですか？」と聞いたところで、「アブナイ人ね」と陰口を叩かれるのがオチです。

見えない世界が理解できる人は魂の熟した人です。未熟な魂の人にいくら説教しても波動が違いますので理解できません。「地デジは地上の電波」「ＢＳは一度宇宙に行ってきた電波」の違いとも言えます。

お釈迦様はそのことを何と言ったでしょうか。

そうです。「人を見て法を説け」と言ったのではないでしょうか。わかる人にはわかります。やたらに神や仏を説いて回ったところで、あなたが問題視されるだけです。神の話をする場合は、時と場所をよくわきまえておかなければなりません。

あらためて申し上げます。

「私」と言っている一人称の私は、神なのです。英語でも「我神なり」というマントラを書く時はすべて大文字で「I　AM:」（アイアーム）と書いて、通常の言葉とは識別することが多いようです。

ここで申し上げる神こそは、万国共通の普遍的神、すなわち「創造の神」「創造主」のことを指します。それぞれの宗教の神とは違いますので、混同しないようにしましょう。あくまでも「創造主」のことです。

◉「神の品格」が備わる

悟りを突き詰めますと、個人という意識は無くなります。普遍的な神の世界＝生命の世界には、全体が一つという感覚しかないのです。

個人的なメッセージや表現が多い人は、完全には霊界に到達していません。肉体を持っている以上、肉体的な制約は残存しています。悟りへの不断の努力を重ねている人は、語る言葉に個人的な要素は減っていきます。従って、語る言葉から神の意識が溢れてきます。神の品格が備わってきます。

神の御言葉《みことば》は、万物を創造する言葉です。

『初めに言葉ありき。その言葉とは神と共にあった言葉。かつてあった言葉。やがて肉となった言葉。その言葉とは神という言葉である』イエス・キリストも語った言葉です。

神意識を持って言葉を語るならば、その言葉は神の力を表します。あらゆることが可能となる言葉です。

神意識を持つものの唇には、常に品が溢れます。神の智慧が溢れてきます。その語られる言葉により、争いは治まり、平安が訪れます。地上に神の言葉が溢れてくると、そこは地上の天国になります。それは、間もなく始まります。神の定めた法則とご意思によって、新しき天と地が創造されるからです。

◉神を語る「資格」とは

この真理を語るには、「神意識が実感できていること」が条件です。「自分は神だ」という実感を伴わないまま、神について語ると神は現れません。そればかりか神を語ったご本人に面倒なことが起きることもあります。

それを防ぐ唯一の方法は目的と動機の正しさです。あなたは何を目的に神を語るのか、何のために「我神なり」と自称するのか、どういう動機で神を語るのか、ということです。

神を語る目的は、まず自分が「神を知ること」です。

神を語る条件は「神を実感できていること」です。神を語る動機は「神を世に知らせること」でなければなりません。自分が有名になりたいとか、お金儲けのために神を語ることは、正しい動機ではありません。この三つが揃っていないと、神を語る資格はありません。

何かが欲しくて神を口にする時、神は反応しません。欲望は神の国には合わない波動だからです。神を求めるのは、神に還ること、悟ることに目的と動機があるからです。

神の定めた寿命を全うし、カルマを解消し、心軽やかになって神の国を目指すことが、神が定めた人生の目的だからです。今、どのような職業についていようが、どんな年齢であろうが、問題ありません。神に還る、神に帰依することが人生の目的なので、神は神を求める人には平等にそのチャンスを与えてくれているのです。

さあ、帰りましょう、神の国へ！

◉自殺の罪は重い

神はそれぞれの人の寿命をカルマに応じて定めています。カルマを解消するまであなたの心臓のスイッチは切られることがありません。

それは、カルマの解消をもって天国に還れるからに他なりません。そのカルマの解消が済んでいないのに、自ら命を絶つことは、神の定めた計画に反する行為になります。

殺人も同じです。喧嘩の果てに殺人を犯すことは当事者同士がカルマを解消できない状態です。殺された方はカルマが解消される前に肉体を失うので、人間界に戻ります。殺人を犯した方は、神の掟に背くばかりか、自分もカルマの上塗りをしますので、人間界に戻って次は殺される羽目になります。

ですから、自殺も殺人もすべて神の定めた天寿を全うできない出来事なので、その罪は重いのです。

「なぜ人を殺してはいけないのか！」今こそ大人が目覚める時です。その理由をはっきり理解することです。そして、この智慧を次世代の子供たちに教え、伝えていくことが、親世代の大人の役割ではないでしょうか。

あなたは、人の命を奪ってはならない。奪われるようなこともしてはならない。ましてや、自らの手で「神からいただいた命を絶つこと」もしてはならない。

現代人は忙しいのです。忙しいから「心が亡くなり」、ブレーキが利かず暴走して過労死を招いています。防衛本能という心の基底にあるものさえ奪われている病理が、社会に蔓延しています。

自殺しないで済む生存環境を保全しなければ、人類は早晩滅亡してしまう手前に来ています。これは現代の地上に生きる人間が忘れている大問題です。

三．悟りの先に

◉文明の転換 ～物質文明から精神文明への転換～

神の智慧が必要なのは、日本だけではありません。世界中が神の智慧を必要としています。

太陽系を治めている太陽天使は、「地球そのものと地上のあらゆるものの発展と向上のため」に働いていています。この真実を、今こそ地上の人々に伝えることが、この本の目的の一つになっています。

謹んで申し上げます。神の究極の目的は、**「すべての魂の間の平安と愛と善意である」**と神ご自身が定めています。

このような話は、どこかでお聞きになったでしょうか？

でも、勘の良い人は、精神文明が到来することを見抜いています。物質文明の限界を感じています。

世界中で「心」にまつわる多くの書籍が出版されています。日本でも翻訳されて、書店でも数多く見掛けるようになりました。マネジメントにメディテーション（瞑想）を取り入れたり、マインドフルネスで瞑想の奥義を伝えようとしたり、治療に代替療法を取り入れたり、言葉の力による人生転換ができることなどが数多く紹介されています。これらの動きは、次世代を捉えた大きな流れの中にあります。

すべて心の回復を目指している書籍です。これらの本が出版される根本は、現代の生活が物質的繁栄に傾いていることにあります。あえて言えば、心が滅亡していることにあります。

その理由は、あまりにも物質文明が進みすぎて、人間の処理能力を超える情報量が溢れているからに他なりません。情報は物質について回ります。コンピュータが悪いのではありません。コンピュータを使いこなせる智慧が必要なのです。

人間の本心は、神の「絶対善」そのものです。

自我を大切にする教育や社会の拝金主義の風潮によって、その神の智慧が隠されてしまいました。現代は、物質という闇に閉ざされている時代です。科学技術がいくら進歩しても、心の本質がわからないままでは、人類は暗闇の文明を築いているに過ぎません。

これまで述べてきたように、神が現世の基礎を創造したのです。従って、現世は神の創造したものの上に成り立っています。それを隠したのは物質を本物だと勘違いした大人の無智です。

本物とは「神そのもの」です。あらためて神が正しく理解され、神の意図を現実に応用できる時代にしていかなければなりません。

多くの科学者が神の智慧に触れる時、この世に今まで見なかったような文明の発展を目の当たりにします。この文明の転換は、今まで隠されてきた宇宙規模の壮大な**黄道十二宮の仕組み**が影響しています。

◉宝瓶宮の時代へと移った現代社会

文明が転換するその理由は、二万五千八百年を一つの周期とする、**黄道十二宮**の運行に影響を受けているからです。現代の星座占いの背景となっている、天文学の基礎です。十二宮の一つは約二千百五十年で、十二倍すると二万五千八百年の周期に一致します。

イエス・キリストが誕生する少し前ころから約二千年経過して、十二宮の星座は「双魚宮（パイシス：魚座）」の時代から「宝瓶宮（アクエリアス：水瓶座）」の時代へと変わっています（なぜ変わるかは「歳差運動」という地球の自転運動のためです。詳しく知りたい方は、「歳差運動」をお調べになってみるのも良いでしょう）。

イエス・キリストが双魚宮の時代であったことを示す証拠は、キリスト教会の柱や壁などに数多く描かれ

宝瓶宮（水瓶座）
象徴：智慧・氣・風

双魚宮（魚座）
象徴：対立・闘争・水

ている「二匹の魚」の紋章です。

エネルギーの変遷を見てもわかります。昔から使われてきた木炭・石炭の固体燃料は一九四〇年代後半に最盛期を過ぎました。それから石油を中心とする液体燃料の時代が約五十年続いています。目に見えて手に取ることができるエネルギーから、直接手で触れることのできないエネルギーに変わっているのです。電気は手で触れられるでしょうか？　電線は見えるけど、電気を見た人はいません。それは、目に見えない電子の流れですから。

今、電気がエネルギーの主役になろうとしています。電気やガス（気体燃料）の自由化も、この流れに沿った改革なのです。

双魚宮（パイシス）の象徴は「水」です。宝瓶宮（アクエリアス）の象徴は「氣・風」です。従ってエネルギーも水を象徴とする固体・液体エネルギーから気体エネルギーへと転換していく流れになっています。この文明の転換は、太陽と星座の関係する宇宙の壮大なエネルギーが、地球にも影響を及ぼした通りの結果になっています。

宝瓶宮の時代の象徴に「公平な分配」というものもあります。現在は経済的な富の偏りが極度に現れている時代です。宝瓶宮の時代は、お金が役に立たなくなりますので、今まで金持ちであった人は落胆し、自分の生き方に絶望することでしょう。貧困にあえいでいた人は、努力次第でその苦しみから離脱することもできます。

物質という闇に向かって走っていた列車が、逆向きに、光の方向に走り出すのです。これが文明の転換です。

夜明け前が一番暗い。光の時代に向かう時、夜明けが来ますが、その直前は一番暗いのです。あなたが夜明け前の空を見上げる時、その暗さを実感します。世相は暗いニュースが多くなりますが、智慧あるものは、夜明けが近いことを知っていますので、闇の嵐が過ぎ去るまでじっと待つことができます。

今、そういう時代に生きていることの意味を感じ、新しい時代への機運を盛り上げていく意識のある方が、力を得ていくことを切に希望しております。

◉悟りについて

本書で強調したいのは、悟りとは、ごく一握りの聖職者のものではなく、普通に生活しながらでも気づくことができる心の持ち方だ、ということです。そういう人々が増えることによって人々の意識が変化します。人々の意識変化は、技術開発や政治経済の体制も変えていき、大きなうねりになっていきます。

通常は、悟りとは修行をしないと得ることのできない境地だと思われています。悟りとは何かと明確に定義することは言語を超えています。その人ごとのカルマの解消度合や神への集中度合に左右されます。しかし、明確に言えることは、悟っている人は自分から「悟っている」とは決して言いません。悟っていないものが、人前で「私は悟った」というようなことを口にするのです。

悟りの状態をあえて言葉で言えば、「心の裡《うち》側が平安と愛に満たされている」ことということになりましょう。本来悟りとは言葉で表現できないものだからです。

外から見れば、普通の人間の姿です。違うのは「心の内面の状態」のみです。心は言葉に現れ、言葉は行動を促します。身口意の合一です。神を想えば、身口意は神に満たされますので、神との合一になります。

身口意の合一している人の表情は穏やかです。自己主張しませんので目立ちません。ものに対する時、扱い方が丁寧です。鉱物・植物・動物・人間に優しく語り掛けます。なぜなら、すべては神の被造物であることを心の底から理解しているからです。起きることを神に全託しています。日常の仕事を持っている人は、仕事も上手く運びます。

そういう境地に到達している人は、肉体の使命を終えた時、創造主＝父なる神はその人を自分の館に招き入れ、自らの手で食卓を用意してくださるのです。

放蕩息子が全財産を失い、失意のうちに父の家にたどりついた時、父は放蕩息子を赦しました。そして食事を用意して共に喜んだのです。それを見た長男は、父を責めました。父の答えは、「今更救済の必要のないものを救うより、救いが必要なものを救うことの方が喜びも大きいのである」と言って長男をいさめたのです。

人間関係に悩むなら、その人を赦しなさい。その人を赦す前に自分自身が悔い改めなさい。自分が悔い改めてもいないのに、人を赦すことはできません。

「私が悪かった。すべてを赦します」という言葉になるでしょう。

イエスの弟子が、イエス・キリストに聞きました。「赦すのに何度赦せば良いのか」と。イエスの答えは「七度の七十度である」と。その意味は四百九十回ではなく、無限の赦しを意味していました。赦すには、まず悔い改めが必要であることがおわかりいただけたら幸いです。

時代は間違いなく変わっていきます。今こそ多くの人々が、自分に内在する神・大生命・大愛という高波動の意識に気づくことです。「自分とは何か」「自分はどこから来て、どこへ行くのか」という基本的な命題に答えを出す時が来ました。

その答えを知った方は、「人生の旅は終わった」「神と共にあるので平安だ」と満足し、安らぐことでしょう。

人生は、気の遠くなるような転生の結果、この世に肉体を伴って生を受けます。その貴重なチャンスを共にし、同じ時代を共有できる者同士は、まさしく文明の転換を実現できる時代の同志でもあります。

多くの人々が自分に気づいて、日本が精神文明の先導的役割を果たす日が来ることを強く希望して筆を置きます。

おわりに

現在の地球は、物質文明が爛熟し、智慧のフロンティアが無くなってしまったように感じます。その原因は、人類が創造主たる神を忘れてしまったからだと思うのです。神は無限の智慧と力と愛をその本性としていますから、困ったことを解決するには、神に聞くことが一番の早道であり、正しい答えにたどり着きます。

神は言います。
神を知るために用意されたものを、「人の目は見ず、耳は聞かなかった」と。
これは、まさしく神の嘆きではないでしょうか。

万象万物はすべて「創造主」たる神の被造物です。「神のものは神に還せ、人のものは人に還せ」という言葉があります。森羅万象すべてが神なら、人間自身も神に還さなければなりません。肉体は朽ち果てますが、生命は神そのものですから、自分に宿っている生命は、神の国へお返ししなければならないのです。そして、輪廻転生から卒業しなければなりません。

神は万物を活かすことが本性ですが、地球上の収集がつかなくなると大ナタを振るいます。大ナタが振るわれるその周期は、黄道十二宮の法則によれば、まもなく物質文明は衰退し、精神文明が勃興してくるサイクルに入ってきます。

力ずくで作ったものは有形無形を問わず、維持する力が失われた時、必ず崩壊します。今、私たちが手に取り、触れることができるもので、未来永劫在り続ける物質があるでしょうか？ 私たち人間でさえ、未来永劫在り続けるものではありません。最悪の場合、人間は文明の衰退と運命を共にするかもしれません。

そういう事態を招かないためにも、天上界からの切なる伝言として、本書が心ある人々のお役に立つならば本望であります。

とくに若い世代の皆さんは、今後の地球の命運を握っている重要な世代です。本書の役割にお気づきいただけたら、是非、この地球が「地上天国」として栄えるようにご協力をいただきたいと祈っております。

紙面の制約から書きたいことの一割程度も書けておりません。見えない世界のことを、見える文字にすることには一定の限界があります。文字では十分に意を尽くせない「明想の方法」などをお伝えするご用意もありますので、関心のある方はお問い合わせください。

今後も継続して、地球上の栄光と平安を願って参ります。また人類全体の個別化した魂の相互関係が、愛と平安に包まれることを時間あるごとに祈り続けております。本書が少しでも「見えない世界と見える世界の関係」を学ぶことの手がかりとなるよう希望しております。

末筆ではありますが、本書の企画を快くお引き受けいただいた、株式会社Ｃｌｏｖｅｒ出版の小田編集長、小川会長には心から感謝を申し上げます。

また、本の企画書作成の指導をしていただき、出版まで丁寧に導いていただいた、ネクストサービス株式会社の松尾社長、大沢さん、さらには公私にわたるお付き合いをいただき、励ましていただいた出版関係者の皆様にも、この場を借りて、厚く御礼を申し上げます。

小西昭生

二〇一八年　立春

参考文献

・リバイ・ドーリング『宝瓶宮福音書』(霞が関書房)
・マクドナルド・ベイン『解脱の真理』(霞が関書房)
・マクドナルド・ベイン『キリストのヨーガ』(出帆新社)
・フランク・ウィルチェック『物質の全ては光』(早川書房)
・矢作直樹『人は死なない』(バジリコ)
・レオン・レーダーマン、クリストファー・ヒル『詩人のための量子力学』(白揚社)
・梶田隆章『ニュートリノで探る宇宙と素粒子』(平凡社)

小西 昭生（こにし・あきお）

一九四九年、東京都生まれ。

早稲田大学法学部卒業。石油元売会社に二十三年間勤務の後、四十五歳で環境問題に目覚め、水の研究に転身。退職の数年前に、山梨県清里で現世に身を置きながら科学的指導をしていた「大師」に出会う。その大師から「自然科学と宇宙科学の違い」「水の研究手法や実験」「明想の奥義」「創造主の計画」など、今まで人類には隠されてきた教えを直接受ける。大師亡き後も自立して自己追求・明想を続け、現在も研鑽に励んでいる。

二〇一七年、物質文明の限界を感じ取り、会社を退職。「神は科学です」をテーマに講演活動を始めたところ、平易で分かりやすい語り口が評判を呼び、現在は科学開発研究所の代表として水の浄化研究を日々の仕事としながら、「見えない世界と見える世界」を伝え続けている。

文系・理系にとらわれない幅広い講演内容は、老若男女を問わず聴くものの心を揺さぶる力がある。

企画協力／松尾昭仁（ネクストサービス株式会社）
イラストレーション／滝本亜矢
校正協力／新名哲明
編集制作DTP & 本文design ／小田実紀

本書のご注文、内容に関するお問い合わせは
Clover 出版あてにお願い申し上げます。

「見えない世界」を科学で解明する!

サイエンス・スピリチュアルの教科書

初版1刷発行●2018年2月22日
2刷発行●2018年3月25日
新版1刷発行●2020年7月20日

著者
小西《こにし》 昭生《あきお》

発行者
小田 実紀

発行所
株式会社Clover出版
〒162-0843 東京都新宿区市谷田町3-6 THE GATE ICHIGAYA 10階 Tel.03(6279)1912 Fax.03(6279)1913
http://cloverpub.jp

印刷所
日経印刷株式会社

©Akio Konishi 2020, Printed in Japan

ISBN978-4-908033-83-4 C0011

乱丁、落丁本はお手数ですが 小社までお送りください。送料当社負担にてお取り替えいたします。
本書の内容の一部または全部を無断で複製、掲載、転載することを禁じます。

サイエンス・
スピリチュアル
の教科書